CHONGQING SHI DAOLU YUNSHU

重庆市道路运输管理条例

 GUANLI TIAOLI
SHIYI

张　山　谢建军　陈永忠◎主编

云南科技出版社
·昆明·

图书在版编目（CIP）数据

重庆市道路运输管理条例释义 / 张山，谢建军，陈
永忠主编 . -- 昆明：云南科技出版社，2024.4
　　ISBN 978 - 7 - 5587 - 5585 - 9

　　Ⅰ . ①重… Ⅱ . ①张… ②谢… ③陈… Ⅲ . ①公路运
输－运输运输管理－条例－法律解释－重庆 Ⅳ .
① D927.719.229.65

中国国家版本馆 CIP 数据核字（2024）第 080535 号

重庆市道路运输管理条例释义
CHONGQING SHI DAOLU YUNSHU GUANLI TIAOLI SHIYI
张　山　谢建军　陈永忠　**主编**

出 版 人：温　翔
策　　划：高　亢
责任编辑：叶佳林
封面设计：重庆市新亚文化艺术有限公司
责任校对：孙玮贤
责任印制：蒋丽芬

书　　号：ISBN 978-7-5587-5585-9
印　　刷：重庆长虹印务有限公司
开　　本：889mm×1194mm　　1/32
印　　张：7.75
字　　数：223 千字
版　　次：2024 年 4 月第 1 版
印　　次：2024 年 4 月第 1 次印刷
定　　价：36.00 元

出版发行：云南科技出版社
地　　址：昆明市环城西路 609 号
电　　话：0871-64192752

编写委员会

主　编　张　山　谢建军　陈永忠

副主编　郝　祎　刘　峰　陈卫东　潘　莉　官建华

　　　　谭　毅　杨乐修

编　委（按姓氏笔画排序）

王　伟　王　勇　王　珺　王立全　王克生

勾修羿　方传丰　刘　畅　刘杨芳　刘武元

关　超　阳百年　杜明林　李　正　肖　建

吴　可　吴宏伟　吴耀轩　邹　超　张　偶

张成兵　张海军　陈　勇　季　欣　周凡皓

周忠阳　周泽成　郑　宁　赵关杰　晏经波

徐　应　黄志强　黄宗旭　梁娅华　彭　登

程　军　曾庆斌　曾晓路　曾繁智　蒲　云

谭　斌　熊辰冬

前　言

2000 年 12 月，重庆市人大常委会制定了《重庆市道路运输管理条例》（以下简称《条例》）。此后，市人大常委会对《条例》作了两次修正和三次修订，最新修订案已于 2021 年 11 月 25 日公布，并自 2022 年 1 月 1 日起施行。此次修订主要有以下特点和内容：一是以习近平法治思想为指导，在以人民为中心的发展思想指引下进行立法，新增了促进农村客运发展的机制等内容；二是从满足道路运输新业态新发展的需要出发，在网络预约出租汽车客运的信息化运营、监管方面建章立制；三是从"优化营商环境"出发，将有关改革举措上升为法律制度，对货运站、机动车维修和机动车驾驶员培训经营实行备案管理；四是从解决现实难题出发，新设了巡游出租汽车外观标识保护制度；五是从改革管理手段出发，新设了道路运输信用管理制度；六是重新确立了道路运输机构和交通运输综合行政执法机构的法律地位，为其正确履职提供法律支持；七是完善了出租汽车经营服务法律规范，推进其管理法治化；八是完善了汽车租赁经营服务法律规范，促进其健康发展；九是加大了对"非法营运"的打击力度，授权公安机关对未经许可从事出租汽车经营的驾驶人员采取暂扣驾驶证措施。

法律的有效实施，既有赖于执法者的正确执法，也离不开守法者良好的守法意识。而正确的执法和严格的守法活动又以人们对法条含义具备准确的认知为前提。法条释义无疑是为人们正确解读法律，进而推进法治工作创造了有利的条件。重庆市人大常委会高度重视《条例》的释义工作。在市人大常委会的领导下，市司法局、市交通局指导市道路运输事务中心、市交通综合行政执法总队编写了《重庆市道路运输管理条例释义》（以下简称《条例释义》）一书。该书主要面向交通主管部门工作人员、道路运输机构工作人员、交通运输综合执法机构执法人员和道路运输企业管理者及道路运输从业人员。

《条例释义》全书由三个部分构成。第一部分为法规原文；第二部分为释义；第三部分为附录。

释义按照《条例》的章节和条文顺序编列，力求以规范而通俗的语言进行逐条解释。每一章节均编写了"本章说明"或"本节说明"，以便读者能够概览该章节的法规内容。法条的释义分为三部分：法条；本条主旨；本条释义。"本条主旨"部分，用一句话简要概述拟释义法条所规范的基本事项。"本条释义"是《条例释义》的主体部分，以概述本条要义加分款、分项释义为基本框架。具体安排是：首先，概述法规条文的基本意思；然后，分述法条各款或各项的具体意思及其法律适用。至于条款中的关键词语、重点问题和疑难问题的释义或解答，则根据需要将其纳入对应的条款分述中再列项陈述，或直接并入对应的条款分述中，不再单列。

《条例》第六章"法律责任"的条文结构特殊，逐条释义的框架结构也相应地作了调整。在分述各条或各款中，每条均增设了"违反本条例"的专项解释，用于界定本条与《条例》第二至第五章中的特定法条之间的对应关系，帮助读者从法律规范构成的角度，完整地理解本条的法律含义；此外，还根据《条例》实施的经验，对法律适用中的疑难问题作了具体解释。

由于我们水平有限，起草《条例释义》的时间也比较紧张，全书恐有疏漏错误之处，敬请读者批评指正。

编写委员会

2023 年 12 月 31 日

Contents
目录

第一部分　法规原文

重庆市道路运输管理条例

（2000年12月19日重庆市第一届人民代表大会常务委员会第二十九次会议通过 根据2002年1月21日重庆市第一届人民代表大会常务委员会第三十八次会议《重庆市人民代表大会常务委员会关于取消或调整部分地方性法规设定的行政审批等项目的决定》第一次修正 2006年7月28日重庆市第二届人民代表大会常务委员会第二十五次会议第一次修订 2013年9月25日重庆市第四届人民代表大会常务委员会第五次会议第二次修订 根据2016年9月29日重庆市第四届人民代表大会常务委员会第二十八次会议《关于修改〈重庆市户外广告管理条例〉等十三件地方性法规的决定》第二次修正 根据2021年11月25日重庆市第五届人民代表大会常务委员会第二十九次会议第三次修订）

目 录

第一章　总　则

第一条　为了维护道路运输市场秩序，保障道路运输安全，保护道路运输各方当事人的合法权益，促进道路运输业持续健康发展，根据《中华人民共和国道路运输条例》等法律、行政法规，结合本市实际，制定本条例。

第二条　在本市行政区域内从事道路运输经营、道路运输相关业务和实施道路运输管理，适用本条例。

本条例所称道路运输经营包括道路班车客运、包车客运、旅游客运、出租汽车客运等客运经营和道路货物运输经营（以下简称货运经营）。

本条例所称道路运输相关业务包括道路运输站（场）经营、机动车维修经营、机动车驾驶员培训、汽车租赁经营。

第三条　道路运输管理应当遵循合法、公开、公平、公正、高效、便民的原则，为建立统一、开放、绿色、有序的道路运输市场服务。

从事道路运输经营和道路运输相关业务应当依法经营、诚实守信、公平竞争，为服务对象提供安全、便捷、优质的服务。

鼓励道路运输经营者使用新能源汽车，促进节能减排。引导道路运输经营者实行规模化、集约化、公司化、信息化经营。

第四条　市、区县（自治县）人民政府应当加强对道路运输管理工作的领导，制定道路运输发展规划，统筹各类道路运输方式协调发展，为促进国民经济发展和改善人民生活提供运输保障。

市、区县（自治县）人民政府应当采取措施，促进城乡客运服务一体化，提升公共服务均等化水平，保障城乡居民安全、经济、便捷出行。

市、区县（自治县）人民政府应当通过政府购买服务、建立运营补助机制等方式，促进农村道路客运发展，为农村居民出行提供普遍、连续服务。

第五条 市交通主管部门主管本市道路运输管理工作。区县（自治县）交通主管部门负责本行政区域内的道路运输管理工作。

市、区县（自治县）交通主管部门所属的道路运输机构负责本行政区域内道路运输管理的具体事务性工作。

市、区县（自治县）交通主管部门所属的交通运输综合行政执法机构负责本行政区域内道路运输管理的具体执法工作。

发展改革、公安、财政、规划自然资源、住房城乡建设、文化旅游、应急管理、税务、大数据应用发展、生态环境等部门，按照各自职责，做好道路运输管理相关工作。

第六条 市、区县（自治县）人民政府制定道路运输发展规划时，应当统筹考虑区域协作，促进成渝地区双城经济圈道路运输协调发展。

市、区县（自治县）交通主管部门应当根据国土空间规划、国民经济和社会发展需要，会同规划自然资源、住房城乡建设、城市管理、公安等部门编制本行政区域的道路运输专业规划，报本级人民政府批准后组织实施。

第七条 道路运输行业协会应当建立行业自律机制，规范和监督会员经营行为，推动行业诚信建设，提升会员的服务质量，维护公平竞争，保护行业和会员的合法权益，促进道路运输业健康发展。

第二章 道路运输经营

第一节 班车、包车和旅游客运

第八条 市、区县（自治县）交通主管部门按照道路运输专业规划并结合客运市场的供求状况、普遍服务、信用状况和方便群众等因素，可以通过招标等公开形式确定客运班线经营者。

班车客运线路的经营期限为四年到八年。经营期满需要继续经营的,应当在期限届满前三十日内重新提出申请。

第九条 客运班车营运时应当按照规定放置班车客运标志牌。

客运班车应当按照核定线路运行,禁止在高速公路封闭路段内上下乘客。

客运班车不得在规定的站点外上客、揽客,不得在途中滞留、甩客或者强迫乘客换乘车辆。由于车辆故障等特殊原因确需乘客换乘车辆的,应当及时调换,不得降低换乘客车档次,不得另收费用。

加班客车应当符合班车客运管理规定。

第十条 鼓励客运班线经营者开展班车客运定制服务,依法按照旅客需求灵活确定发车时间、上下旅客地点。

第十一条 承接包车客运业务的,承运人应当向车辆道路运输证核发地区县(自治县)道路运输机构申请领取包车客运标志牌。承运人应当随车携带包车客运标志牌和包车合同,按照约定的起始地、目的地和线路运行,不得沿途揽客,不得从事班车客运。

第十二条 旅游客运按照营运方式分为定线旅游客运和非定线旅游客运。定线旅游客运按照班车客运管理,非定线旅游客运按照包车客运管理。

第二节　出租汽车客运

第十三条 申请从事巡游出租汽车客运经营的,应当具备下列条件:

(一)在中心城区经营的,依法取得一百个以上中心城区巡游出租汽车车辆经营权;在中心城区以外经营的,依法取得十个以上所在区域巡游出租汽车车辆经营权;

(二)有符合技术管理、环保等标准的车辆或者拟投入车辆承诺书;

(三)有取得巡游出租汽车从业资格的驾驶员;

(四)有与经营规模相适应的经营场所和停车场地;

(五)有健全的管理制度;

(六)法律、法规、规章规定的其他条件。

第十四条　巡游出租汽车实行特许经营，车辆经营权无偿、有期限使用，经营者不得出租或者擅自转让。

第十五条　市、区县（自治县）人民政府应当根据平均有效里程利用率和城市规模等变动情况，合理决定投放巡游出租汽车车辆经营权数量。

中心城区的巡游出租汽车车辆经营权投放方案由市交通主管部门制定，报市人民政府批准。中心城区以外的区县（自治县）的巡游出租汽车车辆经营权投放方案由区县（自治县）人民政府制定，报市人民政府批准。

鼓励以安全服务质量、信用评价结果为重要依据，通过招标等方式投放巡游出租汽车车辆经营权。

第十六条　投入营运的巡游出租汽车应当符合下列条件：

（一）技术管理、环保等标准符合规定；

（二）标志顶灯、计价器、空车标志、车载智能终端符合规定；

（三）车身颜色符合规定，并在规定位置喷印有行业投诉电话、行业编号，明示租价标志；

（四）不得违反规定在车身内外设置、张贴广告和宣传品。

巡游出租汽车经营者应当按照所取得的巡游出租汽车车辆经营权数量投入符合条件的车辆，并向经营所在地的交通主管部门申请车辆道路运输证。交通主管部门应当向符合条件并登记为巡游出租汽车客运经营的车辆核发车辆道路运输证。

第十七条　巡游出租汽车以外的其他车辆不得设置与巡游出租汽车相同或者相似的车辆外观标识，不得喷涂专用或者相类似的巡游出租汽车车体颜色、图案，不得安装、使用专用或者相类似的巡游出租汽车标志顶灯、计价器、空车标志、车载智能终端等易与巡游出租汽车相混淆的营运标识或者设施设备。

第十八条　申请从事出租汽车客运经营服务的驾驶人员，应当符合法律、法规、规章规定的相应条件，依法取得从业资格证。

第十九条　巡游出租汽车客运经营者应当到道路运输机构为驾驶员办理从业服务注册，注册的服务单位应当与其所驾驶车辆的道路运输证上的单位一致。巡游出租汽车驾驶员终止劳动合同或者经营合同的，巡游出租汽车客运经营者应当在二十日内到原注册机构申请注销注册。

第二十条 市、区县（自治县）人民政府可以根据经济社会发展需要，对网络预约出租汽车数量实施调控。

第二十一条 网络预约出租汽车平台公司承担承运人责任和社会责任，应当保证运营安全，保障乘客权益。

网络预约出租汽车平台公司不得向未取得合法资质的车辆、驾驶员提供信息对接开展网络预约出租汽车经营服务。

网络预约出租汽车车辆所有人、驾驶员应当通过取得经营许可的网络预约出租汽车服务平台提供运营服务。

第二十二条 从事网络预约出租汽车客运经营的车辆，应当符合以下条件：

（一）七座及以下乘用车；

（二）安装具有行驶记录功能的车辆卫星定位装置、应急报警装置；

（三）车辆技术性能符合运营安全和环保相关标准要求；

（四）机动车行驶证由本市公安机关核发，且机动车行驶证登记的车辆所有人住址所属区域与拟经营区域一致；

（五）车辆具体标准应当符合本市的规定。

网络预约出租汽车优先使用新能源汽车。

网络预约出租汽车客运经营者或者车辆所有人应当向机动车行驶证登记的车辆所有人住址所属区县（自治县）交通主管部门申请车辆道路运输证。交通主管部门应当向符合条件并登记为网络预约出租客运的车辆核发车辆道路运输证。

网络预约出租汽车车辆不得违反规定在车身内外设置、张贴广告和宣传品。

第二十三条 出租汽车经营者应当遵守下列规定：

（一）执行国家和本市出租汽车客运经营服务规定；

（二）保持车容车貌整洁，保障车辆符合运营服务规定，车内设施设备完整、有效；

（三）不得组织人员和车辆从事定线运输；

（四）不得利用在车内安装的摄像装置等侵犯乘客隐私权；

（五）网络预约出租汽车平台公司不得允许网络预约出租汽车巡游揽客；

（六）网络预约出租汽车平台公司应当公示驾驶员从业服务注册信息；

（七）在机场、车站、码头等地点，网络预约出租汽车平台公司不得向未进入电子围栏区域的车辆派送订单。

第二十四条 从事出租汽车客运经营服务的驾驶员应当遵守下列规定：

（一）执行国家和本市出租汽车客运经营服务规范、标准。

（二）保持车容车貌整洁，车内设施设备完整、有效。

（三）应当合理选择行驶路线；乘客指定行驶路线的，未经乘客同意，不得擅自变更。

（四）未经乘客同意，不得搭乘其他乘客。

（五）不得有言行骚扰、侮辱乘客等违背社会公序良俗的行为。

（六）巡游出租汽车驾驶员不得遮挡、损毁车载智能终端；车载智能终端具备在线支付功能的，不得拒绝乘客使用终端支付运费。

（七）巡游出租汽车驾驶员应当明示从业服务注册信息。

（八）巡游出租汽车驾驶员在未开启空车标志的情况下，不得揽客；开启空车标志时，不得拒载。

第二十五条 出租汽车在营运过程中，可以在城市非禁停路段及禁停路段的临时停靠点即停即走，上下乘客。

第二十六条 出租汽车客运实行区域经营，不得从事起点和终点均在本营运区域外的载客业务，不得以预设目的地的方式从事定线运输。

第二十七条 私人小客车提供合乘服务的，应当符合国家和本市的有关规定。

私人小客车通过信息服务平台公司提供合乘服务的，信息服务平台公司应当按照规定向市交通主管部门实时、完整传输合乘出行相关订单信息。

第三节 货运经营

第二十八条 货运经营者应当在核定的道路运输业务范围内经营，货运车辆不得超出核定的载质量装运货物。

第二十九条 从事大型物件运输的，应当具有装载整体大型物件实际能力在二十吨以上的超重型车组，包括牵引车和挂车。

第三十条 未取得危险货物运输许可的，不得承揽危险货物运输业务。危险货物托运人不得将危险货物交给不具备危险货运资格的承运人承运。

运输危险货物的车辆，应当遵守国家有关规定，设置危险货物运输标志，配备必要的应急救援器材及防护用品。

运输有毒、感染性、腐蚀性、放射性危险货物的车辆禁止运输普通货物。

第三十一条 货运经营者承运国家规定限运、凭证运输的货物，应当随车携带准运证明或者批准手续。

第三十二条 鼓励发展网络平台道路货物运输，促进物流资源集约整合、高效利用。从事网络平台道路货物运输经营，应当遵守国家有关规定。

第三章 道路运输相关业务

第一节 道路运输站（场）

第三十三条 道路旅客运输站应当公平合理安排客运班车的发班时间和班次，平等对待进站发班的客运经营者。因发班方式或者发班时间发生争议，应当协商解决；协商不成的，可以向交通主管部门申请行政裁决。

道路旅客运输站不得允许未经核定进站的车辆进站从事经营活动。

第三十四条　道路旅客运输站向进站经营的客运经营者收取服务费，应当经发展改革部门会同交通主管部门批准。道路旅客运输站的服务收费项目、收费标准及批准文件应当在经营场所公示。

第三十五条　道路货物运输站（场）经营者应当公平对待进入站（场）经营货物运输、货物运输相关业务的经营者，不得垄断经营、欺行霸市，发现违法经营行为，应当及时报告。

第三十六条　道路运输机构应当指导道路货物运输站（场）经营者建立货物运输信息系统，为承运、托运双方的道路货物运输活动提供方便、快捷、安全的服务。

第三十七条　货运配载服务经营者应当及时、真实、准确地向货主或者车主双方提供货源、运力信息，不得违规为无营运证件的车辆配载货物。

第二节　机动车维修

第三十八条　机动车维修经营者应当在维修经营地悬挂机动车维修标志牌，公示主修车型的维修工时定额、维修工时单价、维修配件单价和投诉举报电话等信息，合理收费。

第三十九条　机动车维修经营者应当建立机动车维修档案，并实行档案电子化管理。机动车托修方有权查阅车辆维修档案。

对机动车进行二级维护、总成修理、整车修理维修竣工的，应当进行维修竣工质量检验。对检验合格的车辆，质量检验人员应当签发机动车维修竣工出厂合格证。

第四十条　机动车维修经营者不得有下列行为：

（一）承修无号牌的机动车；

（二）进行假冒巡游出租汽车喷涂、改装、维修作业；

（三）超备案经营范围维修机动车；

（四）擅自更换托修机动车上完好部件；

（五）擅自扩大托修机动车维修范围；

（六）法律、法规、规章规定的其他禁止行为。

第三节 机动车驾驶员培训

第四十一条 机动车驾驶员培训机构应当按照规定范围开展培训业务，并按照国家统一的教学大纲进行教学。

鼓励建立学员缴费第三方监管平台，按照教学进度由平台向培训机构支付费用。

第四十二条 机动车驾驶员培训机构应当使用符合国家和本市技术要求的计算机计时培训管理系统，做好培训记录，接入交通主管部门驾驶培训行业监管平台。

培训结业的，机动车驾驶员培训机构应当向参加培训的人员颁发培训结业证书。

第四十三条 机动车驾驶员培训机构不得有下列行为：

（一）在未经核定的场所开展培训；

（二）使用非教练车辆开展培训；

（三）对学员培训学时或者里程弄虚作假；

（四）其他违反法律、法规、规章规定的行为。

第四十四条 机动车驾驶培训教练员不得有下列行为：

（一）酒后教学；

（二）在教学期间擅自离岗；

（三）其他违反法律、法规、规章规定的行为。

第四节 汽车租赁经营

第四十五条 汽车租赁经营者应当加强租赁车辆的管理，按照国家规定进行安全技术检验，保证向承租人提供的车辆符合国家规定和上路行驶的条件。

租赁车辆行驶证登记的所有人应当与汽车租赁经营者的名称一致，且登记的使用性质为租赁。

第四十六条 汽车租赁经营者应当遵守下列规定：

（一）按规定办理租赁经营者备案登记手续；

（二）在经营场所和服务平台以显著方式明示服务项目、租赁流程、租赁车辆类型、收费标准、押金收取与退还、客服与监督电话等事项；

（三）建立租赁经营管理档案，并按照规定报送相关数据信息；

（四）按照国家和我市规定落实安全生产制度；

（五）与承租人签订汽车租赁合同；

（六）查验承租人和驾驶人相关证件，确保驾驶人符合安全驾驶条件；

（七）不得向承租人提供驾驶劳务；

（八）在承租人租用使用性质为租赁的车辆期间，获知承租人利用租赁车辆从事道路运输经营的，不得继续向承租人提供租赁车辆；

（九）不得在道路上巡游揽客；

（十）不得从事法律、法规、规章禁止的其他行为。

第四十七条　利用租赁汽车从事道路运输经营的，汽车租赁经营者应当变更汽车使用性质。汽车使用性质一旦变更，应当按照相应的营运汽车使用年限执行报废管理。

第四章　道路运输共同规定

第四十八条　从事道路运输或者道路运输相关业务经营的，应当符合国家规定的条件。

第四十九条　从事道路运输或者道路运输相关业务经营的，应当依法向市场监管部门办理注册登记手续后，按照下列规定办理：

（一）跨市、跨区县（自治县）或者在中心城区内从事客运经营的，向市道路运输机构提出申请。中心城区以外从事毗邻区县（自治县）间班车客运经营的，向注册地区县（自治县）道路运输机构提出申请。

（二）在中心城区以外的区县（自治县）内从事客运经营，从事货运经营或者道路运输相关业务经营的，向注册地区县（自治县）道路运输机构提出申请。

（三）从事网络预约出租汽车平台公司经营的，向市道路运输机构提出申请。

市、区县（自治县）交通主管部门应当依法作出决定或者办理备案，所属的道路运输机构依法颁发经营证件。

第五十条 道路运输或者道路运输相关业务的经营者停业、歇业、分立、合并、迁移或者转让客、货运经营车辆的，应当依法向道路运输机构办理相关手续。

未按照前款规定办理相关手续，客运和道路旅客运输站经营者不得擅自暂停、终止经营或者转让班线运输。

第五十一条 客运经营者更换客运车辆，应当向道路运输机构提出申请。交通主管部门应当在五个工作日内作出决定，对符合客运管理规定的车辆，换发道路运输证、客运标志牌。

任何单位和个人不得违法强制客运经营者更换指定的车辆。

第五十二条 禁止货运汽车、拖拉机、摩托车、残疾人机动轮椅车、电动自行车等车辆从事客运经营。

中心城区禁止人力车从事客运经营。中心城区以外的区县（自治县）人民政府可以决定是否准许人力车从事客运经营。

第五十三条 营运驾驶员应当随车携带道路运输证、驾驶员从业资格证等交通主管部门核发的有效证件。

道路运输证上载明的单位名称应当与车辆行驶证和道路运输经营许可证上载明的名称一致。

第五十四条 道路运输经营者应当依法聘用取得相应从业资格证的人员从事经营活动。

道路运输和道路运输相关业务的经营者，应当依法与聘用人员签订劳动合同，并依法为聘用人员缴纳社会保险费。

第五十五条 道路运输和道路运输相关业务的经营者应当承担安全生产主体责任，落实安全生产管理制度，加强对从业人员的安全教育、职业道德教育，保障安全生产投入，确保道路运输安全。

鼓励小微道路运输企业通过委托第三方等方式进行安全生产管理。

交通主管部门、道路运输机构、交通运输综合行政执法机构和道路运输经营者应当针对交通事故、自然灾害和运输突发事件等紧急情况制定应急预案。应急预案应当包括报告程序、应急指挥、应急设施储备、现场处置措施、善后处理等内容。

第五十六条　禁止道路运输经营者将客运经营权出租、擅自转让给其他单位或者个人经营。

禁止未依法取得客运经营权的任何单位和个人，以任何形式从事道路客运经营。

禁止道路运输经营者使用无道路运输证的车辆、未经运营安全年度审验或者年度审验不合格的车辆、报废车辆或者擅自改装的车辆从事道路运输。

第五十七条　道路运输价格原则上实行市场调节价，不具备条件的，可以依法实行政府定价或者政府指导价。

道路运输票据按照国家有关规定统一制发。

经营者应当使用前款规定的统一票据。不出具票据的，旅客、货主和其他服务对象有权拒付费用。

第五十八条　禁止任何单位和个人伪造、涂改、倒卖、出借道路运输经营和道路运输相关业务经营许可证、道路运输证、客运标志牌、机动车维修竣工出厂合格证、从业资格证等道路运输证牌。

第五十九条　客运经营者、危险货物运输经营者应当分别为旅客或者危险货物投保承运人责任险。投保承运人责任险的最低限额按照国家和本市规定执行。

第六十条　道路运输和道路运输相关业务的经营者应当依法向道路运输机构填报营运或者经营统计报表。

第六十一条　道路运输和道路运输相关业务的经营者取得经营许可证后，因条件发生变化等原因不再具备规定的经营条件或者从业条件的，应当到道路运输机构办理相应的注销手续。

道路运输和道路运输相关业务的经营者取得经营许可后无正当理由超过一百八十日不投入运营或者运营后连续一百八十日以上停运，或者道路运输车辆逾期未进行年度审验超过一百八十日的，视为自动终止经营，由原许可机关收回并注销相应的道路运输经营许可证件、道路运输证件。

第五章 监督检查

第六十二条 市、区县（自治县）人民政府应当组织交通、公安等部门建立联合执法机制，依法查处道路运输非法营运等行为，维护道路运输市场秩序。

公安机关与交通、文化旅游等部门应当建立营运车辆违法行为及驾驶员交通安全事故信息共享机制，为道路运输经营者、驾驶员、教练员提供查询服务。

第六十三条 市、区县（自治县）交通主管部门对所属道路运输机构、交通运输综合行政执法机构，上级道路运输机构、交通运输综合行政执法机构对下级道路运输机构、交通运输综合行政执法机构实施的道路运输管理有关工作，应当加强监督和指导。

第六十四条 市交通主管部门应当加强道路运输信用管理。市、区县（自治县）道路运输机构应当定期组织实施道路运输信用评价，对评价结果进行动态调整，并将信用信息和评价结果向社会公布，同步推送至重庆市公共信用信息平台。

道路运输和道路运输相关业务经营者被认定为严重失信主体的，应当依照国家有关规定将其法定代表人、主要负责人、实际控制人和其他负有直接责任的人员纳入失信记录，推送至重庆市公共信用信息平台。

因多次严重超限运输、不符合国家安全技术标准、非法改装、未经许可擅自进行客运经营或者危险货物运输，被纳入道路运输重点监管名单的车辆，高速公路经营者可以拒绝其驶入高速公路。

第六十五条 交通运输综合行政执法机构应当严格按照职责权限和程序，对道路运输和道路运输相关业务经营者、驾驶员的运输经营行为、运输车辆技术状况等情况进行监督检查；应当重点在道路运输以及相关业务经营场所、道路、客货集散地、公路收费站区、高速公路服务区进行监督检查。

第六十六条　交通运输综合行政执法机构实施监督检查时，可以向有关单位和个人了解情况，查阅、复制有关资料，但应当保守被调查单位和个人的商业秘密。

被监督检查的单位和个人应当接受依法实施的监督检查，如实提供有关资料或者情况。

第六十七条　交通运输综合行政执法人员在道路及道路运输站（场）等地实施监督检查时，应当有二名以上人员参加，并出示统一的行政执法证件。交通行政执法专用车应当设置统一的交通运输综合行政执法标识和示警灯。

第六十八条　交通运输综合行政执法机构可以通过监控设施设备、汽车行驶记录仪、卫星定位系统等，收集证据，固定有关违法事实，依法对违法行为予以处理、处罚。

第六十九条　对拒不接受现场检查、无证经营、在限期内拒不到指定机构接受调查处理的，交通运输综合行政执法机构可以扣押机动车辆或者设施设备，出具扣押凭证，并责令其限期到指定机构接受调查处理。

逾期不到指定机构接受调查处理的，交通运输综合行政执法机构可以依法作出处理决定；当事人无正当理由不履行处理决定的，也不申请行政复议或者提起行政诉讼的，可以依法拍卖扣押机动车辆或者设施设备。所得价款扣除拍卖费用、滞纳金和罚款后，余款退还当事人，不足部分依法予以追缴。

第七十条　交通主管部门、道路运输机构和交通运输综合行政执法机构应当建立投诉、举报制度，公开举报电话、通信地址或者电子邮箱，受理投诉、举报。

交通主管部门、道路运输机构或者交通运输综合行政执法机构对受理的举报或者投诉应当在十五日内作出处理，并回复投诉、举报人。情况复杂的，应当在三十日内作出处理并回复。

第六章 法律责任

第七十一条 违反本条例规定，客运班车有下列行为之一的，责令改正，对客运班车经营者，处一千元以上三千元以下罚款，并处违规车辆停运五日以上三十日以下；情节严重的，吊销客运标志牌：

（一）在高速公路封闭路段内上下乘客的；

（二）在途中滞留、甩客的；

（三）因特殊原因确需乘客换乘车辆，另收费用或者降低客车档次的。

第七十二条 违反本条例规定，投入营运的巡游出租汽车有下列情形之一的，责令改正，对巡游出租汽车客运经营者按照以下规定处罚：

（一）车身颜色、标志顶灯、计价器、空车标志、车载智能终端不符合规定，未在规定位置喷印行业投诉电话、行业编号、明示租价标志的，处五十元以上二百元以下罚款；

（二）巡游出租汽车驾驶员注册的服务单位与其所驾驶车辆的道路运输证上的单位不一致的，处二百元以上一千元以下罚款。

第七十三条 违反本条例规定，有下列行为之一的，按照以下规定处罚：

（一）假冒巡游出租汽车的，责令停止经营，没收车辆、营运标识和设施设备，有违法所得的，没收违法所得；没有违法所得或者违法所得不足二万元的，处三万元以上十万元以下罚款；违法所得二万元以上的，处违法所得二倍以上十倍以下罚款。

（二）未取得网络预约出租汽车客运经营许可，从事平台服务的，责令停止经营，处二十万元以上五十万元以下罚款；未取得网络预约出租汽车运输证提供车辆服务的，处三千元以上一万元以下罚款；未取得网络预约出租汽车驾驶员证提供驾驶服务的，处二百元以上二千元以下罚款。

第七十四条 未经许可从事巡游出租汽车和网络预约出租汽车客

运经营被依法处罚两次的驾驶人员，由公安机关交通管理部门暂扣三个月机动车驾驶证；被依法处罚三次以上的，由公安机关交通管理部门暂扣六个月机动车驾驶证。

第七十五条 违反本条例规定，出租汽车经营者有下列行为之一的，责令改正，处三千元以上一万元以下罚款：

（一）未执行国家和本市出租汽车客运经营服务规定；

（二）未保持车容车貌整洁，未保障车辆符合运营服务规定，车内设施设备完整、有效；

（三）利用在车内安装的摄像装置侵犯乘客隐私权；

（四）违反规定在车身内外设置、张贴广告和宣传品。

第七十六条 违反本条例规定，网络预约出租汽车平台公司有下列行为之一的，责令改正，处五千元以上一万元以下罚款；情节严重的，处一万元以上三万元以下罚款：

（一）允许网络预约出租汽车巡游揽客；

（二）未公示驾驶员从业服务注册信息；

（三）在机场、车站、码头等地点，向未进入电子围栏区域的车辆派送订单；

（四）以预设目的地的方式从事定线运输；

（五）向未取得合法资质的车辆、驾驶员提供信息对接开展网络预约出租汽车经营服务。

违反前款规定的，可以对网络预约出租汽车平台公司并处停止新接入车辆一百八十日以上三百六十日以下。

第七十七条 违反本条例规定，从事出租汽车客运经营服务的驾驶员有下列行为之一的，对出租汽车驾驶员处二百元以上五百元以下罚款：

（一）未执行国家和本市出租汽车客运经营服务规范、标准；

（二）遮挡、损毁车载智能终端或者车载智能终端具备在线支付功能拒绝乘客使用终端支付运费；

（三）有言行骚扰、侮辱乘客等违背社会公序良俗的行为；

（四）未明示从业服务注册信息；

（五）在未开启空车标志的情况下揽客，或者开启空车标志时拒载；

（六）以预设目的地的方式从事定线运输；

（七）未经乘客同意擅自变更乘客指定的行驶路线；

（八）未经乘客同意，搭载其他乘客；

（九）网络预约出租汽车驾驶员未通过取得经营许可的网络预约出租汽车平台公司获取订单，从事运输服务。

第七十八条 违反本条例规定，道路旅客运输站经营者有下列行为之一的，按照以下规定处罚：

（一）允许未经核定进站的车辆进站从事经营活动的，责令改正，处一千元以上五千元以下罚款；

（二）未在经营场所公示服务收费项目、收费标准及批准文件的，责令限期改正，处通报批评或者五百元以上一千元以下罚款；逾期未改的，处一千元以上五千元以下罚款。

第七十九条 违反本条例规定，机动车维修经营者承修无号牌机动车、擅自更换托修机动车上完好部件、擅自扩大托修机动车维修范围、超备案经营范围维修机动车或者进行假冒巡游出租汽车喷涂、改装、维修作业的，处五千元以上二万元以下罚款；情节严重的，责令停业整顿三十日以上九十日以下。

第八十条 违反本条例规定，机动车驾驶员培训机构有下列行为之一的，责令改正，按照以下规定处罚：

（一）未使用符合要求的计算机计时培训管理系统或者未做好培训记录，未接入行业监管平台或者未按照规定颁发培训结业证书的，处五百元以上一千元以下罚款，可并处责令停止招生三十日；

（二）在未经核定的场所开展培训，使用非教练车辆开展培训，或者对学员培训学时、里程弄虚作假的，处一千元以上二千元以下罚款，可并处责令停止招生三十日以上六十日以下。

第八十一条 违反本条例规定，机动车驾驶培训教练员酒后教学、在教学期间擅自离岗的，责令改正，处五百元以上三千元以下罚款；情节严重的，列入教练员失信记录，五年内不得从事驾驶培训教学活动。

第八十二条 违反本条例规定，汽车租赁经营者有下列行为之一的，责令限期改正，处三千元以上一万元以下罚款；逾期未改的，责令停业整顿：

（一）向承租人提供的租赁车辆，行驶证登记的所有人与经营者名称不一致或者使用性质未登记为租赁的；

（二）未按规定办理租赁经营者备案登记手续的；

（三）未在经营场所和服务平台以显著方式明示服务项目、租赁流程、租赁车辆类型、收费标准、押金收取与退还、客服与监督电话等事项的；

（四）未建立租赁经营管理档案或者未按照规定报送相关数据信息的；

（五）向承租人提供驾驶劳务的；

（六）在道路上巡游揽客的；

（七）在承租人租用使用性质为租赁的车辆期间，获知承租人利用租赁车辆从事道路运输经营，仍向承租人提供租赁车辆的。

第八十三条 违反本条例规定，道路运输或者道路运输相关业务的经营者有下列行为之一的，责令限期改正，按照以下规定处罚：

（一）停业、歇业、分立、合并、迁移或者转让客、货运经营车辆，未依法向道路运输机构办理相关手续的，处一千元以上五千元以下罚款；

（二）擅自暂停客运或者道路旅客运输站经营的，处一千元以上三千元以下罚款；情节严重的，责令违规车辆停运五日以上三十日以下；逾期未改正的，吊销经营许可证。

第八十四条 违反本条例的规定，道路运输经营者有下列行为之一的，责令改正，按照以下规定处罚：

（一）道路运输证上载明的单位名称与车辆行驶证和道路运输经营许可证上载明的名称不一致，使用未经年度审验或者年度审验不合格车辆从事经营的，不按规定填报营运或者经营统计报表的，处五百元以上二千元以下罚款。

（二）使用已达到报废标准的车辆从事货运经营的，处一千元以上五千元以下罚款，可以并处责令停业整顿；情节严重的，吊销经营许可证。

（三）使用已达到报废标准的车辆从事客运经营的，责令停业整顿，没收车辆，将报废车辆交有关部门统一销毁，并处一万元以上十万元以下罚款；情节严重的，吊销经营许可证。

（四）道路运输经营者在经营活动过程中，因情况变化丧失或者部分丧失规定的经营条件，仍从事经营活动的，责令限期改正；逾期不改正或者改正不合格的，吊销经营许可证。

第八十五条 违反本条例规定，营运驾驶员未随车携带驾驶员从业资格证、包车客运标志牌或者包车合同，或者未在规定位置放置班车客运标志牌的，承运国家规定限运、凭证运输的货物未随车携带准运证明或者批准手续的，责令改正，处五十元以上二百元以下罚款。

第八十六条 违反本条例规定，任何单位和个人有下列行为之一的，责令改正，按照以下规定处罚：

（一）非巡游出租汽车的其他车辆设置、安装、使用专用或者相类似的巡游出租汽车营运标识、设施设备的，或者喷涂成专用或者相类似的巡游出租汽车车体颜色、图案的，暂扣车辆，没收营运标识和设施设备，处三千元以上二万元以下罚款；

（二）伪造、涂改、倒卖、出借道路运输经营和道路运输相关业务证牌的，处二千元以上五千元以下罚款。

第八十七条 违反本条例规定，利用货运汽车、拖拉机、摩托车、残疾人机动轮椅车、电动自行车等车辆从事客运经营的，未经批准利用人力车从事客运经营的，没收违法所得，并处二百元以上二千元以下罚款。

第八十八条 有下列情形之一的，且驾驶人员负同等及以上责任，交通事故依法处理后，按照以下规定处理：

（一）发生死亡一人以上交通事故的，吊销驾驶员从业资格证；

（二）发生一次死亡三人以上交通事故的，吊销事故车辆道路运输证，收回事故车辆客运经营权，道路运输经营者一年内不得新增客运线路和车辆运力；

（三）发生一次死亡十人以上交通事故的，可以吊销道路运输经营许可证。

发生死亡一人以上道路运输交通事故的，完成事故责任认定前，道路运输经营者应当停止事故车辆运行。

第八十九条　道路运输从业人员被吊销从业资格证的，自被吊销之日起五年内不得重新取得从业资格证。

道路运输驾驶员发生一次死亡三人以上交通责任事故且负同等及以上责任的，终生不得从事道路运输驾驶活动。

道路运输或者道路运输相关业务的经营者被撤销、注销、吊销经营许可的，自被撤销、注销、吊销之日起一年内，经营者及其法定代表人、实际控制人不得申请办理该项行政许可。

道路运输车辆被吊销道路运输证的，该车辆所属道路运输经营者自被吊销之日起一百八十日以内不得申请办理道路运输证。

第九十条　道路运输和道路运输相关业务经营者及其从业人员信用评价不合格的，责令限期整改；整改期间停止办理增加经营范围、线路、运力、教练车辆以及更换车辆、提高站级等有关业务；连续两年信用评价不合格的，责令停业整顿；整顿后仍不符合要求的，责令停止经营或者吊销许可证件。

第九十一条　被扣押的非法营运车辆属于拼装车或者被扣押时已经达到报废标准的，由扣押车辆的交通运输综合行政执法机构移送公安机关交通管理部门依法处理。

非法营运车辆在被扣押期间达到报废标准，经公安机关交通管理部门公告车辆登记证书、号牌、行驶证作废的，由扣押车辆的交通运输综合行政执法机构通知车辆所有人认领并在三个月内自行报废车辆；无法联系车辆所有人的，应当通过公共媒体公告认领。通知车辆所有人或者公告后三个月内仍无人认领的，由扣押车辆的交通运输综合执法机构交机动车回收拆解企业予以报废。

第九十二条　交通主管部门和其他有关部门的工作人员、执法人员有下列行为之一的，由所在单位、上级主管部门或者监察机关给予处分；给他人造成经济损失的，依法赔偿；构成犯罪的，依法追究刑事责任：

（一）非法侵犯道路运输经营者及从业人员人身、财产权利；

（二）违法实施行政许可、备案；

（三）违法实施行政处罚或者应当给予行政处罚而不予行政处罚；

（四）无法定依据收费、罚款不按照规定使用罚没收据、罚款不上缴，私分或者变相私分罚没收入；

（五）使用或者损毁扣押财物；

（六）索取或者收受他人财物，或者谋取其他非法利益；

（七）过度执法、逐利执法、粗暴执法；

（八）其他滥用职权、玩忽职守或者徇私舞弊的违法行为。

第九十三条　市人民政府根据需要可以决定将农村客运、机动车维修、道路运输站（场）的行政处罚权交由能够有效承接的乡镇人民政府、街道办事处行使，并定期组织评估。

承接行政处罚权的乡镇人民政府、街道办事处应当加强执法能力建设，按照规定范围、依照法定程序实施行政处罚。

区县（自治县）人民政府及其交通主管部门应当加强组织协调、业务指导、执法监督，建立健全行政处罚协调配合机制，完善评议、考核制度。

第七章　附　则

第九十四条　本条例中下列用语的含义：

（一）道路运输经营，是指以营利为目的，利用客运、货运车辆为社会公众提供道路运输服务的行为。

（二）定制客运，是指已经取得道路客运班线经营许可的经营者依托电子商务平台发布道路客运班线起讫地等信息、开展线上售票，按照旅客需求灵活确定发车时间、上下旅客地点并提供运输服务的班车客运运营方式。

（三）农村客运，是指区县（自治县）境内或者毗邻区县（自治县）

间运营线路属于城区至乡镇、城区至行政村、乡镇至乡镇、乡镇至行政村以及行政村之间的班车客运。以上乡镇不含区县（自治县）人民政府所在地的镇及街道。

（四）出租汽车客运经营，是指按照乘客意愿，用七座以下乘用车提供客运服务，并按照行驶里程和时间计费的经营活动。出租汽车客运经营包括巡游出租汽车客运经营、网络预约出租汽车客运经营。

（五）巡游出租汽车客运经营，是指以七座以下乘用车和驾驶劳务为乘客提供出行服务，喷涂、安装出租汽车标识，可在道路上巡游揽客、站点候客，并按照乘客意愿行驶，根据行驶里程和时间计费的经营活动。

（六）网络预约出租汽车客运经营，是指以互联网技术为依托构建服务平台，整合供需信息，使用符合条件的车辆和驾驶员，提供非巡游的预约出租汽车服务的经营活动。

（七）网络预约出租汽车客运经营者（网络预约出租汽车平台公司），是指构建网络服务平台，从事网络预约出租汽车客运经营的营利法人。

（八）私人小客车合乘（也称为拼车、顺风车），是由合乘服务提供者事先发布出行信息，出行线路相同的人选择乘坐合乘服务提供者的小客车、分摊部分出行成本或者免费互助的共享出行方式。

（九）汽车租赁，是指租赁经营者在约定时间内，将租赁汽车交付承租人使用，收取租赁费用，且不提供驾驶劳务的经营行为。

（十）中心城区是指渝中区、大渡口区、江北区、沙坪坝区、九龙坡区、南岸区、北碚区、渝北区、巴南区，以及市人民政府确定的其他区域。

第九十五条　公共汽车客运的经营和管理按照有关规定执行。

第九十六条　本条例自 2022 年 1 月 1 日起施行。

第二部分　释　义

重庆市道路运输管理条例

第一章　总　则

本章说明：总则是关于本条例基本事项的规定，包括立法目的、立法依据、适用范围、遵循原则、职责分工、主管部门、道路运输规划、行业协会等内容。

第一条　为了维护道路运输市场秩序，保障道路运输安全，保护道路运输各方当事人的合法权益，促进道路运输业持续健康发展，根据《中华人民共和国道路运输条例》等法律、行政法规，结合本市实际，制定本条例。

【本条主旨】

本条是关于本条例的立法目的和立法依据的规定。

【本条释义】

本条例的立法目的有四个：一是维护道路运输市场秩序；二是保障道路运输安全；三是保护道路运输各方当事人的合法权益；四是促进道路运输业持续健康发展。

本条例的主要立法依据是《中华人民共和国道路运输条例》。

一、立法目的

（一）维护道路运输市场秩序

道路运输市场秩序，指道路运输市场主体（经营者）基于法律法规规章及其他规范性文件所确立的规则而应有的互动关系。

为了维护道路运输市场秩序，本条例对进入道路运输市场实行准入管理或备案管理。通过要求经营者遵守相关规定，从而力求维护基于国家法律法规和规章所确立的规则而形成的道路运输市场秩序。

除了严格的"市场准入关"外，对市场经营者的行为也有必要予以规范。为此，条例规定了从事道路运输经营和道路运输相关业务应当依法经营、诚实守信、公平竞争；规定了班车客运、包车客运、旅游客运、出租汽车客运、货运经营者和道路运输站（场）、机动车维修、机动车驾驶员培训、汽车租赁经营者应遵守的强制性规范和禁止性规范；还规定了禁止货运汽车、拖拉机、摩托车、残疾人机动轮椅车、电动自行车等车辆从事客运经营。

（二）保障道路运输安全

道路运输安全直接关系人民群众的人身安全和财产安全，本条例作出了规定：

一是要求客运班车必须按照核定线路运行，禁止在高速公路封闭路段内上下乘客；

二是要求网络预约出租汽车平台公司不得向未取得合法资质的车辆、驾驶员提供信息对接开展网络预约出租汽车经营服务；

三是要求从事网络预约出租汽车客运经营的车辆安装具有行驶记录功能的车辆卫星定位装置、应急报警装置；

四是要求网络预约出租汽车平台公司必须按照规定向市交通主管部门实时、共享合乘出行相关订单信息，包括车、人的基本情况、行驶轨迹、乘客评价等；

五是要求货运车辆不得超出核定的载质量装运货物；

六是要求机动车驾驶培训教练员不得酒后教学或在教学期间擅自离岗。

（三）保护道路运输各方当事人的合法权益

保护公民、法人和其他组织的合法权益，是依法行政所追求的根本目标。维护道路运输市场秩序，保障道路运输安全，也是为了保护道路运输相关当事人的合法权益。

为了预防道路运输经营者损害接受服务民事主体合法权益，本条例对道路运输及道路运输相关业务经营者的服务行为作了如下规范：

一是本条例第九条第三款要求客运班车不得在途中滞留、甩客或者强迫乘客换乘车辆；

二是本条例第九条第三款要求客运班车确需乘客换乘车辆的，应当及时调换，不得降低换乘客车档次，不得另收费用；

三是本条例第十一条要求从事包车客运的经营者按照约定的起始地、目的地和线路提供运输服务；

四是本条例第三十三条要求道路旅客运输站应当公平合理安排客运班车的发班时间和班次，平等对待进站发班的客运经营者；

五是本条例第三十八条要求机动车维修经营者应当公示主修车型的维修工时定额、维修工时单价、维修配件单价和投诉举报电话等信息，合理收费。

本条例对于经营者违反强制性规范和禁止性规范，损害民事主体合法权益的行为设定了法律责任。通过惩治违法行为，保护当事人合法权益。

（四）促进道路运输业持续健康发展

促进道路运输业的持续健康发展，与维护道路运输市场秩序、保障道路运输安全、保护道路运输相关当事人的合法权益，是相辅相成的。只有维护道路运输市场秩序，保障道路运输安全，保护道路运输有关各方当事人的合法权益，促进道路运输业的持续健康发展，才能更好地满足人民日益增长的美好生活需要。

二、立法依据

本条例的主要立法依据为《中华人民共和国道路运输条例》。此外，还包括其他相关的法律法规如《中华人民共和国安全生产法》《中华人民共和国行政许可法》等。

第二条　在本市行政区域内从事道路运输经营、道路运输相关业务和实施道路运输管理，适用本条例。

本条例所称道路运输经营包括道路班车客运、包车客运、旅游客运、出租汽车客运等客运经营和道路货物运输经营（以下简称货运经营）。

本条例所称道路运输相关业务包括道路运输站（场）经营、机动车维修经营、机动车驾驶员培训、汽车租赁经营。

【本条主旨】

本条规定了本条例的适用范围。

【本条释义】

本条共三款，有两层含义。第一款是关于本条例适用范围的规定，第二款和第三款是关于"道路运输经营"和"道路运输相关业务"两类经营行为的定义性规定，明确其所包含的具体经营业务类别。

一、本条例的适用范围

本条第一款规定的适用范围包括条例的空间效力和对事效力。

本条例适用的空间范围为重庆市行政区域。重庆市行政区域指国家行政区划所确定的重庆市地域，包括 38 个区县（自治县）以及两江新区、万盛区经济技术开发区、高新区。

本条例适用的事项范围包括两方面：

（一）从事道路运输经营、道路运输相关业务

1. 就本条例适用的行为范围而言，从事道路运输经营以及道路运输相关业务的行为（或活动），应当遵守本条例。

2. 就本条例适用的主体范围而言，从事道路运输经营以及道路运输相关业务的人（包括自然人、法人或其他组织），应当遵守本条例。

（二）实施道路运输管理

1. 就本条例适用的行为范围而言，实施道路运输管理活动，应当遵守本条例。行政机关道路运输管理方式主要包括行政许可、备案管理、监督检查、行政处罚等。

2. 就本条例适用的主体范围而言，实施道路运输管理的人（主要是相关行政机关及其工作人员），应当遵守本条例。

二、道路运输经营、道路运输相关业务的含义

（一）道路运输经营

道路，根据《中华人民共和国道路交通安全法》第一百一十九条第一项的规定，是指公路、城市道路和虽在单位管辖范围但允许社会机动车通行的地方，包括广场、公共停车场等用于公众通行的场所。

道路运输，是指在道路上利用客运、货运车辆运送旅客或者货物的活动。道路运输活动根据是否以营利为目的可以区分为经营性道路运输（即道路运输经营）和非经营性道路运输。

道路运输经营，指以营利为目的，利用客运、货运车辆为社会公众提供道路运输服务的行为，包括道路班车客运、包车客运、旅游客运、出租汽车客运等客运经营和道路货物运输经营。非经营性道路运输，是指为本人生产、生活服务，不发生费用结算或者不收取报酬的道路运输。

各类经营性道路运输活动均被纳入本条例规范的范围；非经营性道路运输活动原则上不是本条例规范的对象，但非经营性的道路危险货物运输仍属于本条例规范的对象。

本条例规定的道路运输经营具体包括班车客运、包车客运、旅游客运、出租汽车客运等客运经营、道路货运经营。

1. 班车客运指客车在城乡道路上按照固定的线路、时间、站点、班次运行的一种客运方式。

2. 包车客运指以运送团体旅客为目的，将客车包租给用户安排使用，提供驾驶劳务，按照约定的起始地、目的地和路线行驶，由包车用户统一支付费用的一种客运方式。

3. 旅游客运指以运送旅游观光的旅客为目的，在旅游景区内运营或者其线路至少有一端在旅游景区（点）的一种客运方式。

4. 出租汽车客运经营，指按照乘客意愿，用七座以下乘用车提供客运服务，并按照行驶里程和时间计费的经营活动，包括巡游出租汽车客运经营、网络预约出租汽车客运经营。巡游出租汽车客运经营，指以七座以下乘用车和驾驶劳务为乘客提供出行服务，喷涂、安装出租汽车标识，可在道路上巡游揽客、站点候客，并按照乘客意愿行驶，根据行驶里程和时间计费的经营活动。网络预约出租汽车客运经营，指以互联网技术为依托构建服务平台，整合供需信息，使用符合条件的车辆和驾驶员，提供非巡游的预约出租汽车服务的经营活动。

5. 道路货物运输经营，是指为社会提供公共服务、具有商业性质的道路货物运输活动。道路货物运输包括道路普通货运、道路货物专用运输、道路大型物件运输和道路危险货物运输（含放射性物品道路运输）。

（二）道路运输相关业务

所谓道路运输相关业务，是指与道路运输密切联系的有关业务，也就是通常所说的道路运输辅助性服务。本条例规定的道路运输相关业务具体包括道路运输站（场）经营、机动车维修经营、机动车驾驶员培训经营、汽车租赁经营。

1. 道路运输站（场）经营，是指经营者以站（场）及相关设施为依托，为道路客货运输经营者提供车辆停靠、上下旅客，货物装卸、储存、保管等服务的营业性活动。道路运输站（场）经营则分为客运站（场）经营和货运站（场）经营两类业务。客运站经营，是指以站（场）设施为依托，为道路客运经营者和旅客提供有关运输服务的经营活动。道路货物运输站（场）（以下简称货运站），是指以场地设施为依托，为社会提供有偿服务的具有仓储、保管、配载、信息服务、装卸、理货等功能的综合货运站（场）、零担货运站、集装箱中转站、物流中心等经营场所。

2. 机动车维修经营，是指以维持或者恢复机动车技术状况和正常功能，延长机动车使用寿命为作业任务所进行的维护、修理以及维修救援等相关经营活动。所谓机动车，是指以动力装置驱动或者牵引，上道路行驶的供人员乘用或者用于运送物品以及进行工程专项作业的轮式车辆。机动车维修经营，根据维修对象分为汽车维修经营业务、危险货物运输车辆维修经营业务、摩托车维修经营业务和其他机动车维修经营业务四类。其中，汽车维修经营业务、其他机动车维修经营业务，根据经营项目和服务能力分为一类维修经营业务、二类维修经营业务和三类维修经营业务。摩托车维修经营业务，根据经营项目和服务能力分为一类维修经营业务和二类维修经营业务。

3. 机动车驾驶员培训业务，是指经营者以培训学员的机动车驾驶能力或者以培训道路运输驾驶人员的从业能力为教学任务，为社会公众有偿提供驾驶培训服务的活动。包括对初学机动车驾驶人员、增加准驾车型的驾驶人员和道路运输驾驶人员所进行的驾驶培训、继续教育以及机动车驾驶员培训教练场经营等业务。

4. 汽车租赁经营，是指汽车租赁经营者与承租人订立租赁合同，在约定时间内，将汽车交付承租人使用，收取租赁费用，且不提供驾驶劳务的经营行为。

第三条 道路运输管理应当遵循合法、公开、公平、公正、高效、便民的原则，为建立统一、开放、绿色、有序的道路运输市场服务。

从事道路运输经营和道路运输相关业务应当依法经营、诚实守信、公平竞争，为服务对象提供安全、便捷、优质的服务。

鼓励道路运输经营者使用新能源汽车，促进节能减排。引导道路运输经营者实行规模化、集约化、公司化、信息化经营。

【本条主旨】

本条是关于道路运输管理原则和道路运输经营原则及其经营方式的规定。

【本条释义】

本条分三款，有三层含义。第一款规定道路运输管理原则，包括合法、公开、公平、公正、高效、便民原则，管理目标是建立统一、开放、绿色、有序的道路运输市场。第二款规定道路运输经营者的基本义务，包括依法经营、诚实守信、公平竞争，为服务对象提供安全、便捷、优质的服务。第三款规定人民政府的鼓励事项，包括节能减排和经营规模化、信息化等。

一、道路运输管理原则

本条所规定的道路运输管理原则，包括：合法性原则；公开原则；公平公正原则；高效原则；便民原则。立法目的在于贯彻国家行政改革政策。

（一）合法性原则

本条所称的合法性原则，指要求道路运输管理必须遵循法律、行政法规、地方性法规、部门规章、地方政府规章和其他规范性文件的规定，依法行政。具体要求包括：首先，坚持"法无规定不可为"，即没有法律法规的明确授权不可擅自作为；其次，道路运输管理活动既要符合实体法律规范，又要符合程序法律规范。行政管理的实体法律规范指规定行政主体职权职责的规范；程序法律规范指规定行政行为实施的步骤、形式、时限等操作性规范。

（二）公开原则

本条所称的公开原则，指行政权力的运用应当依法公开，包括公开行使权力的法律依据、公开行政活动的结果。所谓"公开"，指对外公示，为行政相对人及普通公众知悉。公开原则既是法治的核心价值之一，也是行政权力行使的正当性基础。本条例第六十七条规定："交通运输综合行政执法人员在道路及道路运输站（场）等地实施监督检查时，应当有二名以上人员参加，并出示统一的行政执法证件。交通行政执法专用车应当设置统一的交通运输综合行政执法标识和示警灯。"此规定是道路运输执法活动贯彻行政公开原则的具体化规范。

（三）公平和公正原则

本条所称的公平和公正原则，指行政主体的工作人员在行政管理工作中，应当非歧视性地对待所有行政相对人，不存偏见、不存私心地办理公务和行使权力。公平和公正原则是行政权力行使的正当性基础，是法治的核心价值所在，也是贯彻行政为民理念的必然要求。

（四）便民原则

本条所称的便民原则，指行政主体应当采取合理措施，简化程序，最大限度地为经营者提供快捷和便利的服务。如利用信息化技术开展网上业务办理；利用部门之间信息共享和内部核查获取经营者的有关经营信息，包括企业章程文本、已聘用的驾驶员的驾驶证、从业资格证件、公安机关出具的三年内无重大以上交通责任事故的证明等材料。

二、道路运输经营原则

（一）依法经营

本条所称依法经营，指经营者应当遵守法律从事经营活动的基本原则。

此处所谓"法"，是广义上的"法"，指国家法律、行政法规、地方性法规、规章及行政规范性文件。也就是说，"依法"的"法"并非限于国家立法机关制定的法律、国务院颁布的行政法规、本市立法机关制定的地方性法规。作为经营行为准则的"法"是由若干与道路运输经营活动相关的法律、法规、规章和行政规范性文件构成的道路运输经营规范体系。

（二）诚实守信

本条所规定的诚实守信原则，是道路运输市场主体从事经营活动应遵守的基本行为准则，也可看作道路运输经营者的法定基本义务。其基本意思是：道路运输经营者在营商活动中应当以善意的方式行事，包括应当善意地履行已经订立的合同或作出的承诺，不得使用欺诈手段或其他不正当手段损害其他经营者和消费者的合法权益，谋取不正当利益。

本条例规定诚实守信不仅是作原则性宣示，还具体化为各类道路运输经营者的行为规范和违反这些规范的法律责任制度。

本条例第三十三条、第三十八条、第四十条、第四十三条和第四十六条对道路旅客运输站经营者、机动车维修经营者、机动车驾驶员培训机构和汽车租赁经营者规定了具体的诚信义务。

（三）鼓励性要求

本条规定鼓励道路运输经营者使用新能源汽车，促进节能减排。节能减排是国家既定政策，当前国家正在全面推进"碳达峰""碳中和"政策，新能源车正在逐步替代石油能源汽车，本条鼓励道路运输经营者使用新能源汽车，反映了时代发展的必然要求。

本条例引导道路运输经营者实行规模化、集约化、公司化和信息化经营。规模化、集约化、公司化和信息化既是实现交通现代化，开拓市场，推动经济发展的客观需要，也是发挥道路运输特点和优势，提高行业竞争能力，促进综合运输体系协调发展的必要要求。

"规模化经营"要求道路运输市场主体在经营规模上"做大"，通过增加人、财、物生产要素的投入，促使道路运输企业组织结构、从业人员、设备设施、经营业务种类、经营线路达到一定标准，提高道路运输服务网络覆盖率。"集约化经营"要求道路运输主体在经营业务上"做强"，通过加大资金、科技投入，并通过不断完善管理机制和推动技术进步，提高企业资产存量的质量和优化配置，增强企业整体素质，创立在道路运输市场上具有相当影响的知名品牌，获取较高的社会效益、经济效益和环境效益，实现企业发展。"公司化经营"要求道路运输市场主体采用公司这一组织形式从事经营活动，实现市场主体内部治理规范化。"信息化经营"要求道路运输市场主体在经营活动中利用物联网、云计算、大数据等各种信息技术，提高经营者管理水平和道路运输服务质量。如本条例第三十二条规定"鼓励发展网络平台道路货物运输，促进物流资源集约整合、高效利用"、第三十六条规定"道路运输机构应当指导道路货物运输站（场）经营者建立货物运输信息系统"，都是鼓励信息化经营的体现。

第四条 市、区县（自治县）人民政府应当加强对道路运输管理工作的领导，制定道路运输发展规划，统筹各类道路运输方式协调发展，为促进国民经济发展和改善人民生活提供运输保障。

市、区县（自治县）人民政府应当采取措施，促进城乡客运服务一体化，提升公共服务均等化水平，保障城乡居民安全、经济、便捷出行。

市、区县（自治县）人民政府应当通过政府购买服务、建立运营补助机制等方式，促进农村道路客运发展，为农村居民出行提供普遍、连续服务。

【本条主旨】

本条是关于人民政府的道路运输管理职责和管理目标及工作方式的规定。

【本条释义】

本条分三款，有三层含义：人民政府承担道路运输管理领导职责；人民政府应当一体化发展城乡客运，促进"城乡公共服务"均等化；人民政府应当加大投入，发展农村客运。

一、人民政府的道路运输管理职责

（一）加强领导

领导职责，指行使决策、协调、指导和监督等职权和责任。人民政府对道路运输管理工作的领导，指政府组织起草本行政辖区内道路运输政策和规范，组织实施道路运输法律、法规，协调其所属的各组成部门和机构在道路运输管理中的工作，指导和监督道路运输管理部门的工作等。

（二）制定规划

道路运输发展规划是人民政府履行道路运输管理职责最主要的方式之一。通过道路运输发展规划，人民政府能够确定道路运输发展的基本目标、主要措施、人民政府下属部门和机构的工作分工和工作安排。人民政府的决策、协调、领导职能的实现常常需要依托道路运输规划。

（三）统筹各类道路运输方式协调发展

道路客运活动包括公共汽车客运、出租汽车客运、道路旅客运输等多种运输方式，各类运输方式之间在服务市民出行上存在既相互协作，又相互竞争的关系。人民政府应当从市民出行和国民经济发展需求的高度，兼顾各类运输方式的功能定位和特点，统筹协调发展道路运输事业，保障道路运输服务供给。

二、人民政府管理城乡客运的目标

本条第二款规定政府应当采取各种措施，实现三方面的目的：促进城乡客运服务一体化，提升公共服务均等化水平，保障城乡居民安全、经济、便捷出行。

（一）城乡客运服务一体化

本条所称城乡客运服务一体化，即城乡道路客运服务一体化，指打破传统的城乡道路客运服务的"二元化"管理和运行机制，统筹规划、合理布局、保障衔接、资源共享，优化服务结构、提升服务品质，发展区域内城乡道路客运事业。如实行城市客运下乡或乡村客运进城，城乡道路客运站（场）资源共享等。

城乡客运服务一体化是城乡经济社会一体化的基础和组成部分。人民政府应以完善农村公共服务投入机制为重点，加快基本公共服务向农村延伸，逐步缩小城乡公共服务水平差距。市、区县（自治县）人民政府应当采取措施，促进城乡客运服务一体化。

（二）安全、经济、便捷出行

安全、经济、便捷出行，指城乡居民应获得的道路客运服务水平，包括乘客人身和财产安全有保障、乘客所需支付的票价实惠、乘客获得的运输服务快捷而方便。

依据本条，市、区县（自治县）人民政府应采取措施，保障城乡居民安全、经济、便捷出行。

三、人民政府发展农村道路客运的职责

本条第三款有两层含义，一是人民政府要促进农村道路客运发展，为农民居民出行提供普遍、连续服务；二是人民政府可以通过购买服务、建立运营补助机制等方式，实现上述目的。

（一）人民政府发展农村道路客运

发展农村道路客运是人民政府的职责。依据本条，人民政府要采取措施，支持经营者从事农村道路客运活动，提高其经营积极性，发展农村道路客运事业，满足农村居民生产、生活中的基本出行需求。

政府发展农村客运的目标是，为居民提供普遍、连续的出行服务。

所谓普遍服务，指所有的农村居民均有机会获得道路客运服务，且均能够获得经营者提供平等的待遇。如支付相同的票价可以获得相同的服务，不受歧视。

所谓连续服务，指农民居民能够获得经营者提供持续、不间断的道路客运服务。如客运经营者不得擅自中断服务或终止服务；一个经营者被批准停止服务时有其他经营者接替服务；班线运行基本准点等。

（二）发展农村道路客运的措施

鉴于农村道路条件差，车辆油耗高，客流、货流分散，群众消费水平低，运价水平低的特点，人民政府可以通过购买服务、建立运营补助机制等方式，发展农村道路运输事业。

目前，政府对农村客运的补贴包括车辆保险费补贴、燃油补贴以及运营补贴等多种方式。一是政府资助购买农村客运车辆保险，进一步减轻经营者负担，提高农村客运车辆抗风险能力。二是实施燃油补贴。通过落实国家燃油补贴政策，促进农村客运可持续发展。三是开展农村客运营运补贴。按照"谁营运谁受益"的原则，对具体从事农村客运经营、承担实际经营风险的经营者进行补贴，具体标准根据不同运行区域、运营线路、运营趟次、行驶里程及投入车型等确定。

第五条　市交通主管部门主管本市道路运输管理工作。区县（自治县）交通主管部门负责本行政区域内的道路运输管理工作。

市、区县（自治县）交通主管部门所属的道路运输机构负责本行政区域内道路运输管理的具体事务性工作。

市、区县（自治县）交通主管部门所属的交通运输综合行政执法机构负责本行政区域内道路运输管理的具体执法工作。

发展改革、公安、财政、规划自然资源、住房城乡建设、文化旅游、应急管理、税务、大数据应用发展、生态环境等部门，按照各自职责，做好道路运输管理相关工作。

【本条主旨】

本条是关于交通主管部门及其所属机构职责和发展改革委等相关部门在道路运输管理方面职责的规定。

【本条释义】

本条分四款，有两层含义：第一至第三款规定，市、区县（自治县）交通主管部门及其所属的道路运输机构、综合执法机构负责道路运输管理工作；第四款规定，发展改革等部门按职责做好道路运输相关工作。

一、交通主管部门主要职责

1.负责推进道路运输行业发展，建立与综合交通运输体系相适应的制度体制机制，优化道路运输站场布局，促进道路运输与其他交通运输方式融合。

2.负责组织拟订道路运输发展战略和政策，组织编制道路运输发展规划。

3.负责组织起草道路运输地方性法规、政府规章草案，制定道路运输行政规范性文件。

4.负责拟订地方道路运输标准。

5.负责组织道路运输行政许可、行政处罚、行政检查、行政裁决、行政扶助、行政奖励、信用管理、政府采购等工作。

二、道路运输机构主要职责

1.参与道路运输相关政策、制度、技术标准、运营规范起草和监督实施工作。承担行业发展研究，以及有关规划编制和组织实施的事务工作。

2.承担道路运输管理事务工作。

3.承担道路运输从业人员、汽车租赁、道路运输站（场）、机动车维修、机动车驾驶员培训等相关业务管理事务工作。

4.承担道路运输行业安全和应急管理的事务工作。参与行业安全事故调查。

5.承担道路运输行业重点物资、紧急客货运输和高峰客运组织的事务工作。承担道路运输战备事务工作。

6.承担道路运输行业信用体系建设、道路运输政务服务、行业统计的事务工作。

7.承担道路运输行业运行监测、生态环境保护和节能减排，以及智慧运输体系、信息化和数字化建设管理的事务工作。

三、交通运输综合行政执法机构主要职责

1.参与拟订道路运输行政执法管理制度、执法标准规范，并监督实施。

2.承担道路运输行政强制、行政处罚和监督检查等职能。

3.承担道路运输行政执法信息化建设工作。

四、相关部门职责

本条例规定，发展改革、公安、财政、规划自然资源、住房城乡建设、文化旅游、应急管理、税务、大数据应用发展、生态环境等部门，按照各自职责，做好道路运输管理相关工作。

发展改革部门道路运输相关职责是，将道路运输发展规划纳入国民经济发展规划；实施道路运输站场基础设施项目管理；依法管理道路运输价格。

公安机关的道路运输相关职责是，①负责疏导道路交通，维护道路交通秩序。②负责维护公共汽车等公共交通工具上的秩序和道路运输客运货运站（场）秩序。③依法纠正和处罚各类道路交通违法行为，处理机动车驾驶人违章行为，包括负责对公路客运车辆超载或违反规定载货、道路货运机动车超载或违反规定载客、疲劳驾驶等违法行为进行查处。④负责道路交通事故的处理，包括对发生重大交通事故或造成交通事故后逃逸的驾驶员进行处理，以及对发生特大交通事故负有主要责任或者全部责任的专业运输单位进行处理。⑤负责机动车和驾驶人管理，办理各类机动车通行证件，指导和监督机动车登记、安全检验和驾驶人考试发证、审验工作。⑥负责对机动车安全技术检验机构的监管，负责新车检验和对定期检验的车辆进行唯一性确认以及核发检验合格标志，监督管理对报废的大客车、大货车和营运车辆等进行销毁或解体的工作。⑦负责开展交通安全宣传教育，监督、检查社会各单位履行交通安全责任情况。⑧负责开发应用智能交通科学技术，规划设置和维护管理城市道路交通标志设施。⑨负责道路危险货物运输线路、时间审批。⑩负责实施公路交通应急管理。⑪按职责与主管部门协作实施出租汽车驾驶员、公共汽车驾驶员等的从业背景核查。⑫依据《重庆市道路交通安全条例》的规定，按职责加强监督检查运输企业、运输站场。⑬依照本条例的规定协同打击道路运输非法营运。

财政部门道路运输相关职责是，安排道路运输发展资金、财政补贴、购买服务资金。

规划自然资源部门道路运输相关职责是，道路运输站场土地规划和使用管理。

住房城乡建设部门道路运输相关职责是，道路运输站场建设管理。

文化和旅游部门道路运输相关职责是，促进旅游和道路运输融合发展，协助交通主管部门管理旅游运输车辆和驾驶员。

应急管理部门道路运输相关职责是，实施道路运输应急管理和安全生产管理。

税务部门道路运输相关职责是，向道路运输经营主体征收相关税款，办理道路运输经营主体相关税务，管理相关发票。

大数据应用发展部门道路运输相关职责是，促进道路运输信息化发展。

生态环境部门道路运输相关职责是，促进道路运输低碳化，查处道路运输车辆污染。

第六条 市、区县（自治县）人民政府制定道路运输发展规划时，应当统筹考虑区域协作，促进成渝地区双城经济圈道路运输协调发展。

市、区县（自治县）交通主管部门应当根据国土空间规划、国民经济和社会发展需要，会同规划自然资源、住房城乡建设、城市管理、公安等部门编制本行政区域的道路运输专业规划，报本级人民政府批准后组织实施。

【本条主旨】

本条是关于道路运输发展规划和专业规划的规定。

【本条释义】

本条分两款，有两层含义：要求市、区县（自治县）人民政府从成渝双城经济圈内道路运输区域协作发展的战略出发，制定本地道路运输发展规划；交通主管部门会同有关部门制定的专业规划，须经本级政府批准。

一、道路运输发展规划须统筹成渝经济圈协调发展

（一）道路运输发展规划

道路运输发展规划，是市、区县（自治县）发展道路运输事业的顶层设计，通过道路运输发展规划引领道路运输事业发展，须服务于本地经济社会发展大局。

（二）制定机关

依据本条，市、区县（自治县）人民政府是行政辖区内道路运输发展规划的制定者。

交通运输是经济发展的"先行官"。构建一体化综合交通运输体系，将有力支撑成渝地区双城经济圈建设。因此，本条要求，市、区县（自治县）人民政府在制定道路运输发展规划时，须充分考虑区域协作的需要，特别是成渝双城经济圈发展的需要。

对于一个地域而言，其交通运输可以分为内部交通运输和外部交通运输两大部分。但是区域协同发展要求打破这种格局。国外一些大都市圈很早就成立了跨区域的交通规划委员会，统筹大都市圈的交通运输发展规划。我国环渤海、长三角、珠三角也早已着手推进区域交通运输一体化。

推进成渝地区双城经济圈建设，需要充分发挥交通运输的先行引领作用，推动联程客运、城际客运、城乡客运一体化发展，推动道路货运转型升级，完善枢纽城市货运设施，加强农村物流发展，形成优势互补、高质量发展的区域经济布局，拓展市场空间、优化和稳定产业链供应链，构建以国内大循环为主体、国内国际双循环相互促进的新发展格局。

二、道路运输专业规划须经本级政府批准

（一）道路运输专业规划

道路运输专业规划，指道路运输各个子行业的规划或者专门事项的规划。该规划对道路运输经营和管理活动具有约束力。道路运输专业规划的制定机关是市、区县（自治县）交通主管部门。

（二）交通主管部门会同有关部门制定

道路运输专业规划的制定机关是市、区县（自治县）交通主管部门。但是，道路运输专业规划对于本行政区内的自然资源开发利用、城乡建设、城市管理、交通安全管理等其他活动有直接或间接的重大影响。因此，本条要求，市、区县（自治县）交通主管部门应当会同规划自然资源、住房城乡建设、城市管理、公安等部门编制本行政区域的道路运输专业规划。制定该规划应当依据国土空间规划、适应国民经济和社会发展需要。

（三）本级政府批准

依据本条，市、区县（自治县）人民政府负责审定道路运输专业规划。就是说，道路运输专业规划须经本级政府批准，才能付诸实施。

第七条 道路运输行业协会应当建立行业自律机制，规范和监督会员经营行为，推动行业诚信建设，提升会员的服务质量，维护公平竞争，保护行业和会员的合法权益，促进道路运输业健康发展。

【本条主旨】

本条是关于道路运输行业协会基本任务的规定。

【本条释义】

本条对道路运输行业协会工作提出如下要求：管理方面，要求协会建立行业自律机制，规范会员行为，推动行业诚信，提升行业服务质量；服务方面，要求协会维护公平竞争，维护行业和会员合法权益。

道路运输和道路运输相关业务经营者成为相关行业协会的会员后，可以通过行业协会共谋行业发展，维护行业权益。民政部门和交通主管部门应依法指导行业协会开展工作。

一、道路运输行业协会的法律地位及其管理

道路运输行业协会是由道路运输行业及相关行业的单位（单位会员）或者公民个人（个人会员）自愿组成，为实现会员共同意愿，按照其章程开展活动的社会组织，法律上应定性为国家《社会团体登记管理条例》第二条所规定的非营利性的社会组织。道路运输行业协会的成立依法应当经其业务主管单位审查同意，依法向民政主管部门（登记机关）办理登记，且应当具备法人条件。所以，依法成立的行业协会作为民事主体，在《中华人民共和国民法典》的主体分类中应被归入非营利法人的范畴。

依据国家《社会团体登记管理条例》的规定，道路运输行业协会必须遵守宪法、法律、法规和国家政策，不得反对宪法确定的基本原则，不得危害国家的统一、安全和民族的团结，不得损害国家利益、社会公共利益以及其他组织和公民的合法权益，不得违背社会道德风尚。基于其非营利性组织的法律属性，依法不得从事营利性经营活动。

依据行政法规的规定，交通运输部和县级以上地方各级人民政府交通主管部门、道路运输机构等是道路运输行业协会的业务主管单位。业务主管单位依法负责行业协会的设立登记、变更登记和注销登记前的审查；监督、指导社会团体遵守宪法、法律、法规和国家政策，依据其章程开展活动；负责社会团体年度检查的初审；协助登记管理机关和其他有关部门查处社会团体的违法行为；会同有关机关指导社会团体的清算事宜。

二、道路运输行业协会的功能及其基本任务

道路运输行业协会应当为会员提供服务，维护行业和会员的合法权益。

道路运输行业协会作为由经营者会员等组成的民间组织，除可以发挥依法维护会员合法权益的作用之外，还可以在经营者与交通主管部门或道路运输机构之间发挥桥梁和纽带作用；可以在法律允许的范围内协调同业之间以及本行业与其他行业之间的关系，通过倡导同业公平竞争精神、诚实守信经营理念等，实行行业自律。

无论是为会员服务、维护会员合法权益，还是充当政府和经营者的媒介，亦或是倡导和推动行业自律，均符合促进行业健康发展的需要，有助于实现本条例第一条所确立的各项立法目的。

第二章　道路运输经营

本章说明：本章是关于道路运输经营活动的规定。本章分为三节，分别规范了三类道路运输经营行为：班车客运、包车客运和旅游客运；出租汽车客运；道路货运。

第一节　班车、包车和旅游客运

本节说明：本节规定的事项包括班车客运、包车客运和旅游客运。本节涉及的相关规定包括《道路旅客运输及客运站管理规定》（交通运输部令 2023 年第 18 号）、《道路旅客运输企业安全管理规范》（交运规〔2023〕4 号）和《道路运输服务质量投诉管理规定》（交通运输部令 2016 年第 70 号）等。

第八条 市、区县（自治县）交通主管部门按照道路运输专业规划并结合客运市场的供求状况、普遍服务、信用状况和方便群众等因素，可以通过招标等公开形式确定客运班线经营者。

班车客运线路的经营期限为四年到八年。经营期满需要继续经营的，应当在期限届满前三十日内重新提出申请。

【本条主旨】

本条是关于班车客运线路经营权的规定。

【本条释义】

本条分两款，有三层意思：市、区县（自治县）交通主管部门依法确定客运班线经营者；客运班线经营权有期限使用；经营期满继续经营的，应当重新申请许可。

一、客运班线经营权的取得

（一）许可机关

市、区县（自治县）交通主管部门是客运班线经营权的行政许可机关。

具体来说，依据本条例第四十九条的规定，跨市、跨区县（自治县）或者在中心城区内的客运班线经营权的许可，由市交通主管部门决定；中心城区以外毗邻区县（自治县）间和中心城区以外的区县（自治县）内的客运班线的经营权的许可，由区县（自治县）交通主管部门决定。

（二）许可决定的依据

许可机关在实施客运班线经营权许可时，作出决定的参考因素包括道路运输专业规划、客运市场的供求状况、普遍服务、信用状况、方便群众等。

1. 道路运输专业规划

道路运输专业规划，指市、区县（自治县）交通主管部门依法制定并经本级人民政府批准的道路运输规划或者专门事项的规划。

2. 客运市场

（1）供求关系

本条所称供求关系，指具体的班车客运线路经营中班车运力供给与旅客运量需求之间的对应关系。交通主管部门可以根据本辖区的班车客运运力的投放、线路的布局、旅客流量和流向的现状及未来的变动趋势等情况进行综合判断，原则上以运力供给与运量需求之间达成基本平衡为首要依据，来考量是否同意经营者的许可申请。

（2）普遍服务

本条所称普遍服务，指交通主管部门通过综合平衡的考量，合理分配班车客运线路经营权，为所在地区的人们提供可及的出行服务。

此外，不同的班车客运线路，客源和经营效益往往存在或大或小的差别，通过将效益好的班车线路与效益差的线路搭配分配给经营者，可以实现经营者利益的综合平衡，推动道路旅客运输网络覆盖更广泛的区域，使边远地区出行不便的人们也能享受基本的出行服务，是落实普遍服务的有效方法。

（3）信用状况

本条所称信用状况，指道路客运班线经营者的信用信息现状和信用评价现状。信用信息现状，指经营者当下留存的良好行为记录、不良行为记录等情况；信用评价现状，指经营者当下所处的信用等级。按照重庆市交通局 2023 年 12 月 28 日修订的《重庆市道路运输信用管理实施细则》的规定，道路客运经营者信用评价的考核指标包括企业经营管理、安全生产、服务质量和社会责任四大类。道路运输经营者的信用评价采用年度评价和动态调整相结合的方式。年度评价是指道路运输机构综合考量道路运输经营者在一个评价周期内的信用情况，对该经营者进行的定期信用评价；动态调整是指道路运输机构依据道路运输经营者信用的重大变化情况适时调整其信用评价等级。信用评价等级共分为五级，从高到低，依次为好、较好、一般、较差和差（不合格），分别用 AA、A、B、C、D 表示。

3. 方便群众

本条所称方便群众，指对班车客运线路的投放、布局、配客站点的设置等诸方面的考量应当以最大限度地便利大众出行为依据。方便群众出行，是本条例第四条所设定的"保障城乡居民安全、经济、便捷出行"的政府工作目标，也是《道路旅客运输及客运站管理规定》

第四条所规定的"满足广大人民群众的美好出行需求"的基本要求。

（三）经营者取得许可的方式

依据本条，许可机关可以通过招标确定客运班线经营权，但是在不具备招标条件或者其他公开竞争方式（如竞争性谈判、竞争性磋商）条件的，可以综合考量相关因素直接作出许可决定。

招标是本条明文规定的方式之一。本条例要求道路运输管理坚持公平公正公开原则；也要求经营者遵守公平竞争原则；而以招标方式授予客运班线经营权即体现了上述原则精神。

二、班车客运线路经营权有期限使用

（一）班线客运线路经营权

班车客运线路经营权，指经营者在特定线路为社会公众提供班车客运服务的经营资格或权利。该经营权的法律性质是许可机关向提出申请的经营者依法授予的可以提供班车客运服务的行政许可。按照《道路旅客运输及客运站管理规定》第十一条和第十三条的规定，班车客运线路经营者应当符合四项条件：一是承诺拟投入客运的车辆符合规定要求并办理《道路运输证》；二是承诺拟聘用的驾驶员取得相应的道路客运驾驶员从业资格证；三是取得了道路旅客运输经营权；四是取得班车客运线路经营权。

（二）班车客运线路经营权的期限

本条规定，班车客运线路的经营期限为四年到八年。本条例只规定班车客运线路经营权的有效期限的幅度，具体的有效期限则交由许可机关酌情裁量。在决定向经营者授予许可时，许可机关应当在法定的期限幅度内确定一个具体的期限。经营者取得的经营权的实际有效期是许可机关在许可决定书中确定的期限。

（三）期满后"重新提出申请"

本条第二款除明确班车客运线路经营权的存续期限外，还规定了期满后继续经营的许可问题。期满后"重新提出申请"一词表达的法律意思是："期满后的继续经营许可"属于一个新的许可，不是期满前的许可的延续。因此，根据本款，经营者如果需要在期满后继续经营，就应当在法定期限（期满前三十天）内提出新的许可申请；许可机关应当作出许可或不予许可的决定，并在授予许可时重新确定其班车客运线路的经营期限；非经许可机关明确作出授予许可的决定，经营者无权继续经营。

期满后"重新提出申请"的规定，也表明本市班车客运"经营期满后继续经营的许可"不属于《中华人民共和国行政许可法》第五十条所规定的"延续许可"，因此不能适用该条第二款所规定的"逾期未作决定，视为准予延续"规则。也就是说，许可机关未作出授予许可的决定，申请人不能因为前一行政许可的有效期届满而自动取得许可，延续经营权。

交通运输部在2020年对《道路旅客运输及客运站管理规定》所作的修订中删除了此前规定的"延续经营"制度，改为要求被许可人"重新提出申请"。

第九条 客运班车营运时应当按照规定放置班车客运标志牌。

客运班车应当按照核定线路运行，禁止在高速公路封闭路段内上下乘客。

客运班车不得在规定的站点外上客、揽客，不得在途中滞留、甩客或者强迫乘客换乘车辆。由于车辆故障等特殊原因确需乘客换乘车辆的，应当及时调换，不得降低换乘客车档次，不得另收费用。

加班客车应当符合班车客运管理规定。

【本条主旨】

本条是关于客运班车营运活动的规定。

【本条释义】

本条分四款，有两层意思：客运班车经营者须遵守营运行为准则；加班客车经营者须遵守班车营运的规定。

一、客运班车营运行为准则

（一）按照规定方式放置客运标志牌

1. 班车客运标志牌

班车客运标志牌是道路运输机构依据交通主管部门已经作出的班车客运经营线路许可决定，向班车客运经营者发放的，证明班车客运线路经营权的字牌。

按照交通运输部《道路旅客运输及客运站管理规定》"附件7"的要求，班车客运标志牌分正面和背面，正面有"班车"字样、起点与讫点、运班字号和经营期限等记载和套印许可机关的专用章；背面粘贴道路客运班线经营信息表。

班车客运标志牌以信息载体（介质）为标准，可以划分为纸质标志牌和电子标志牌。纸质标志牌以纸张为信息载体，呈现班车客运的基本信息，须放置于车上规定位置；而电子标志牌以数据电文（含二维码）为信息载体，呈现班车客运的基本信息，可以喷印二维码于车上，通过手机终端扫描查看。纸质标志牌可以框套透明材料以便长时间保存。经交通主管部门同意，也可以使用铁质或其他物质材料来制作标志牌，即通过喷涂方式来公开符合规定的班车客运的营运信息。

2. 班车客运标志牌的放置

符合国家规定样式的班车客运标志牌，可以呈现班车客运的起讫地点、经营者的经营期限、经营许可机关、客运班线经营情况等重要营运信息，进而发挥引导旅客正确乘车的作用，有利于保护旅客的合法权益和维护道路旅客运输市场秩序。因此，本条规定，标志牌的放置必须符合规定。班车客运标志牌一般放置于客运车辆的前挡风玻璃后，且以正面朝向车窗外的方式陈列。实行电子客运标志牌的，按规定将二维码喷印在车身上即可。

（二）按照交通主管部门核定的线路运行

核定线路，指交通主管部门在班车客运线路经营许可中确定的起讫地、中途停靠客运站点和途经路线。交通主管部门通过《道路客运班线经营行政许可决定书》，核定班车客运线路，包括起讫地、中途停靠地客运站点。

经营者按照核定线路运行，应当注意以下两点：其一，投入营运前经营者应当与班线起讫地、中途停靠地客运站签订进站协议，并向原许可机关备案起讫站点和途径路线；其二，线路公司和农村客运班线的中途停靠站点可以由经营者自行决定，并告知原许可机关。

（三）禁止客运班车在高速公路封闭路段上下旅客

1. 高速公路封闭路段

本条所指的高速公路封闭路段，指专供汽车通行的高速公路全路段，即一条高速公路的任意两个进出站点之间的路段。除行车道、应急车道和临时停靠区外，还包括连接进出站点与高速通行的主行车道之间的匝道，以及高速公路沿线的服务区和停车区。

高速公路依法实行全封闭管理。《中华人民共和国道路交通安全法》第六十七条规定："行人、非机动车、拖拉机、轮式专用机械车、铰接式客车、全挂拖斗车以及其他设计最高时速低于七十公里的机动车，不得进入高速公路。高速公路限速标志标明的最高时速不得超过一百二十公里。"该法第六十三条规定："行人不得跨越、倚坐道路隔离设施，不得扒车、强行拦车或者实施妨碍道路交通安全的其他行为。"按照上述规定，行人不得进入高速公路，也不得跨越高速公路的隔离设施。该法第八十九条还明确规定，行人违反道路交通安全法律、法规关于道路通行规定的，处警告或者五元以上五十元以下罚款。因此，高速公路的任何封闭路段都不得作为客运班车上下乘客的站点。经营者若违规在高速公路封闭路段上下旅客，等同于鼓励或协助乘客违法进入高速公路、穿越高速公路隔离设施。

2. 上下乘客

本条所称上下乘客，指经营者或其指派执行运输任务的驾驶员在班车运行途经的高速公路封闭路段停车招揽新乘客搭乘，强制乘客下车或者按照特定的乘车旅客意愿下车以结束其行程的行为。

上下乘客需要停止车辆运行，而车辆在高速公路上停靠是一种危险行为。因此，本条禁止在高速公路内上下乘客。

（四）禁止客运班车在规定的站点外上客和揽客

本条所称规定的站点，也称"配客站点"，指交通主管部门在经营许可决定中确定的上下旅客站点，包括班车线路起讫地和中途停靠地客运站。所谓起讫地客运站点，指班车客运的始发与终到客运站。依据本条规定，班车客运经营者应当在配客站点上客，不得在配客站点外上客。

（五）禁止客运班车途中滞留

途中滞留，指经营者或其指派的驾驶员在班车实际运行中，擅自单方中止运送服务，从而使已经开始行程的旅客不能乘坐该班次车辆在约定的期限或合理期限到达约定目的地的行为。

（六）禁止客运班车途中甩客

途中甩客，指经营者在班车开行之后至到达约定的目的地之前，擅自单方终止运送服务，从而使乘客不能通过该班次的运送服务在合理期限到达约定的目的地的行为。

（七）禁止强迫乘客换乘车辆

强迫乘客换乘，指违背乘客意愿，使乘客换乘经营者提供的新的车辆。本条禁止经营者强迫乘客换乘车辆，因车辆故障等特殊原因而需要换乘的除外。

（八）禁止换乘时降低车辆档次和另行收费

降低车辆档次，指经营者用于换乘的车辆档次低于换乘前的原车辆档次。降低换乘车辆档次，实质属于降低客运服务标准，损害乘客合法权益的不公平行为，因而为本条所禁止。

另行收费，指经营者要求乘客在支付本次客运票价之外，再支付换乘新车辆的费用，即从换乘点到本次行程目的地之间的票价。这是重复收费，违反公平原则，损害乘客合法权益，因此为本条所禁止。

二、加班客车的营运须遵守班车客运规定

1. 加班客车

本条所称加班客车，也称"加班车"，指在客运班车不能满足需要或者无法正常运营时，临时增加或者调配客车按客运班车的线路、站点运行的方式。加班客运是班车客运的一种补充形式。

加班车主要为应对特殊事件发生时或特殊时段下的班车运力不足而开行，以满足公众的出行需求。所谓特殊事件，一般指地方举行重

大活动或发生突发事件。所谓特殊时段，一般指节假日、春运期间、旅游旺季等时段。

2. 加班客车的运行管理

国家对加班车客运的管理有严格的要求。具体包括以下三个方面：

第一，加班车在规定情形下可以凭临时班车客运标志牌开行。交通运输部《道路旅客运输及客运站管理规定》第五十五条规定了加班车客运可以使用临时班车客运标志牌的各种情形。

第二，加班车客运按正班车线路和站点运行并应持有当班行车路单。《道路旅客运输及客运站管理规定》第五十六条对此有明确的规定。如果班车客运标志牌正在制作或者灭失的，经营者应当持有该条班线的《道路客运班线经营信息表》或者《道路客运班线经营行政许可决定书》的复印件。

第三，交通主管部门可以临时调用车辆技术等级不低于二级的营运客车和社会非营运客车开行加班车。对于非营运客车可以凭县级以上交通主管部门开具的证明运行。对此，《道路旅客运输及客运站管理规定》第三十六条有具体规定。

三、违反本条的法律后果

违反本条第一款，适用本条例第八十五条处罚；违反本条第二、三款，适用本条例第七十一条处罚。

第十条 鼓励客运班线经营者开展班车客运定制服务，依法按照旅客需求灵活确定发车时间、上下旅客地点。

【本条主旨】

本条是关于定制客运经营活动的规定。

【本条释义】

本条有两层意思：一是鼓励经营者开展班车客运定制服务；二是允许定制客运依法遵从乘客意愿确定发班时间和上下旅客地点。

一、本市鼓励班车开展客运定制服务

本条例第九十四条第二项对定制客运有明确的界定。依据该条，定制客运，是指已经取得道路客运班线经营许可的经营者依托电子商务平台发布道路客运班线起讫地等信息、开展线上售票，按照旅客需求灵活确定发车时间、上下旅客地点并提供运输服务的班车客运运营方式。定制客运是传统班车客运的升级和有益补充。

首次对"班车客运定制服务"提供支持的政策，源于 2016 年 12 月 31 日交通运输部出台的《关于深化改革加快推进道路客运转型升级的指导意见》。2020 年 9 月，交通运输部修订后的《道路旅客运输及客运站管理规定》增设了"班车客运定制服务"一章，支持和规范定制客运经营活动。该规章第五十九条第一款规定："国家鼓励开展班车客运定制服务"；第六十条规定："开展定制客运的营运客车核定载客人数应当在 7 人及以上。"

二、依法按需确定班车发班时间和上下旅客地点

（一）依法按需确定发班时间

按旅客需要确定发班时间，指定制客运班车发班时间不是长期固定的，而是可以按需选择，按需变动。这是定制客运区分于非定制班车客运的显著特点之一。本条这一规定，是为了向乘客提供相对于非定制班车而言更便捷的服务。

需要注意的是，所谓按需确定，并非指经营者可以随意变更发班时间。本条除允许灵活确定时间外，还要求须"依法"。例如，《道路旅客运输及客运站管理规定》第六十七条第一款规定："网络平台应当提前向旅客提供班车客运经营者、联系方式、车辆品牌、号牌等车辆信息以及乘车地点、时间，并确保发布的提供服务的经营者、车辆和驾驶员与实际提供服务的经营者、车辆和驾驶员一致。"据此，定制客运经营者不可以在通过网络平台发布了乘车的班次时间后，再擅自变更该班次实际提供服务的时间。

（二）依法按需确定上下旅客地点

按需确定上下旅客地点，指定制客运班车的上下旅客地点不必限于固定的配客站点（即由交通主管部门核定，包括班线起讫地客运站点和中途停靠地客运站点），而是可以根据旅客需求或意愿进行选择。

按需确定上下旅客地点，是班车定制客运区别于非定制班车客运的突出特点。本条这一规定，有利于实现为乘客提供"家门到家门""家门到站点""站点到家门"的便捷服务目的。定制客运的上下旅客地点，不必是非定制班线运输的配客站点，而可以是乘客集散地（家门或乘客出行的始发地，或其他临时想到达的目的地）。

对本条的适用需要注意两点：一是按需选择，指遵从乘客的需求或意愿选择，并非经营者自行选择或变更；二是按需选择，并非完全任意选择，还须"依法"。本条所称依法，指不违反相关法律法规和其他规范性文件的禁止性规定。例如，《道路旅客运输及客运站管理规定》第三十七条第二款规定："客运班车在遵守道路交通安全、城市管理相关法规的前提下，可以在起讫地、中途停靠地所在的城市市区、县城城区沿途下客。"据此规定，定制客运的下客地点选定，不得违反当地的道路交通安全、城市管理相关法规要求，也就是说，并非可以完全按照乘客需要或意愿确定。当然，定制客运的上下旅客地点选择，更不能违背本条例第九条规定的"禁止在高速公路封闭路段上下旅客"。

第十一条　承接包车客运业务的，承运人应当向车辆道路运输证核发地区县（自治县）道路运输机构申请领取包车客运标志牌。承运人应当随车携带包车客运标志牌和包车合同，按照约定的起始地、目的地和线路运行，不得沿途揽客，不得从事班车客运。

【本条主旨】

本条是关于包车客运手续、营运方式及其禁止行为的规定。

【本条释义】

本条有两层含义：一是承揽包车客运业务，须办理手续；二是包车营运须遵守行为准则和禁止性规范。

一、包车营运手续

（一）包车客运

包车客运，指以运送团体旅客为目的，将客车包租给用户安排使用，提供驾驶劳务，按照约定的起始地、目的地和路线行驶，由包车用户统一支付费用的一种客运方式。

（二）包车客运标志牌

包车客运标志牌，指道路运输机构向包车客运承运人发放的专门标志牌。包车客运标志牌应当和特定车辆相对应，承运人不得擅自变更。包车客运标志牌是承运人合法从事包车客运经营活动的重要凭证。

（三）受理申请的机构

按照本条规定，承运人在承接包车客运业务时，应当向车辆《道路运输证》核发地区县（自治县）道路运输机构提出包车客运标志牌的申请。按照《道路旅客运输及客运站管理规定》的规定，省际包车客运标志牌在一个运次所需的时间内有效，最长的有效期不超过十五日；省内包车客运标志牌在交通主管部门规定的时限内有效。

二、包车客运须遵守的行为准则及禁止性规范

（一）随车携带包车标志牌和包车合同

包车合同，指由包车客运经营者与包车用户共同订立的，约定由经营者将包车用户指定的旅客团体成员送达目的地或完成特定的往返行程运送任务，并由包车用户支付运费的合同。包车合同属于运输合同中的道路旅客运输合同。

《道路旅客运输及客运站管理规定》规定：包车合同的承运人一方须具备相应的包车客运许可经营资格；在履行包车客运合同时，承运人须持有车籍所在地交通主管部门签发的包车客运标志牌；承运人须持有包车合同；包车应当按照包车合同约定的时间、起讫地和线路运行；承运人不得招揽包车合同约定之外的其他旅客乘车。因此，包车合同是经营者从事包车客运经营活动的合法依据之一。

（二）包车须按照约定方式运行

包车须按照约定的起始地、目的地和线路运行，指包车须按照包车用户与经营者约定的方式运行。包车客运行程的出发地、目的地以及线路的选择，均由包车合同约定。该约定对包车经营者具有法律上的约束力。

（三）禁止沿途揽客

禁止沿途揽客，指禁止包车经营者在执行包车运送任务的途中，招揽包车用户指定搭乘的旅客之外的其他旅客。包车客运的服务对象

是团体旅客，该团体的成员由包车用户指定。

（四）禁止从事班车客运

禁止从事班车客运，指禁止包车经营者以班车客运的方式从事营运。经营者从事班车客运，依据本条例，必须取得班车客运行政许可，获得客运班线经营权。包车经营者从事班车客运，超出了自身的许可经营范围。

三、违反本条的法律后果

违反本条，适用本条例第八十五条的规定处罚。

第十二条　旅游客运按照营运方式分为定线旅游客运和非定线旅游客运。定线旅游客运按照班车客运管理，非定线旅游客运按照包车客运管理。

【本条主旨】

本条是关于旅游客运的规定。

【本条释义】

本条有三层意思：一是旅游客运分类营运；二是定线旅游客运按照班车客运管理；三是非定线旅游客运按照包车客运管理。

一、旅游客运的营运分类

1. 旅游客运

旅游客运，指以运送旅游观光的旅客为目的，在旅游景区内运营或者其线路至少有一端在旅游景区（点）的一种客运方式。

按照《道路旅客运输及客运站管理规定》第十条的规定，旅游客运按照营运方式分为定线旅游客运和非定线旅游客运。定线旅游客运按照班车客运管理，非定线旅游客运按照包车客运管理。

2. 定线旅游客运与非定线旅游客运

定线旅游客运，指运输的起始地和目的地均由经营者单方确定，其中至少一端是旅游景区，实行定点运行的旅游客运。

非定线旅游客运，指运输起始地和目的地由经营者与乘客约定，其中至少一端是旅游景区，经营者提供运输服务的旅游客运。

二、定线旅游客运管理方式

依据本条，定线旅游客运按照班车客运管理。

定线旅游客运以运送旅游观光的旅客为目的，但在站点、发班时间、发班班次以及运行线路等营运方式上，与班车客运相似。这两类客运均实行定点、定线运行。当然，定线旅游客运与班车客运在营运方式也有一些区别。如，定线旅游客运在景区内运营或者线路至少有一端在旅游景区（点）；旅客为观光乘客。

三、非定线旅游客运管理方式

依据本条，非定线旅游客运按照包车客运管理。

非定线旅游客运以运送旅游观光的旅客为目的，但在站点、线路、乘客等运营方式上，与包车客运相似。这两类客运均应当按照约定的站点、线路、时间运送用户指定的团体旅客。

与包车客运不同的是，非定线旅游客运须在景区内运营或者线路至少有一端在旅游景区（点）。

第二节 出租汽车客运

本节说明：本节规定出租汽车客运，包括巡游出租汽车客运和网络预约出租汽车客运。本节涉及的相关规定包括《巡游出租汽车经营服务管理规定》（交通运输部令 2021 年第 16 号）、《网络预约出租汽车经营服务管理暂行办法》（交通运输部 工业和信息化部 公安部 商务部，市场监管总局，国家网信办令 2022 年第 42 号）、《出租汽车驾驶员从业资格管理规定》（交通运输部令 2021 年第 15 号）、《重庆市巡游出租汽车客运管理办法》（重庆市人民政府令第 359 号）、《重庆市网络预约出租汽车经营服务管理暂行办法》（重庆市人民政府令第 309 号）、《出租汽车运营服务规范》（GB/T 22485—2021）、《重庆市人民政府办公厅关于印发重庆市规范私人小客车合乘出行暂行规定的通知》（渝府办发〔2016〕269 号）。

第十三条 申请从事巡游出租汽车客运经营的，应当具备下列条件：

（一）在中心城区经营的，依法取得一百个以上中心城区巡游出租汽车车辆经营权；在中心城区以外经营的，依法取得十个以上所在区域巡游出租汽车车辆经营权；

（二）有符合技术管理、环保等标准的车辆或者拟投入车辆承诺书；

（三）有取得巡游出租汽车从业资格的驾驶员；

（四）有与经营规模相适应的经营场所和停车场地；

（五）有健全的管理制度；

（六）法律、法规、规章规定的其他条件。

【本条主旨】

本条规定了经营者从事巡游出租汽车客运时应当具备的条件。

【本条释义】

本条规定巡游出租汽车客运经营者的市场准入条件。列明的具体条件包括五个方面：车辆经营权数量、车辆、驾驶员、场所场地、管理制度。

一、本条列明的市场准入条件

（一）车辆经营权数量

巡游出租汽车车辆经营权数量，指经营者通过合法方式依法取得的巡游出租汽车车辆经营权的数量。习惯上也将巡游出租汽车车辆经营权称为巡游出租汽车客运特许经营权指标，简称巡游出租汽车指标。交通主管部门依法通过招标方式投放巡游出租汽车车辆经营权，经营者通过竞标获得巡游出租汽车车辆经营权，即取得投入相应数量车辆进行巡游出租汽车营运的资格。此外，经营者也可以根据《重庆市巡游出租汽车客运管理办法》第十二条第二款的规定，以合法的转让方式取得车辆经营权。

依据本条第一项，在中心城区经营的，依法取得一百个以上中心城区巡游出租汽车车辆经营权；在中心城区以外经营的，依法取得十个以上所在区域巡游出租汽车车辆经营权。

本条所称中心城区，按照本条例第九十四条的规定，指渝中区、大渡口区、江北区、沙坪坝区、九龙坡区、南岸区、北碚区、渝北区、巴南区，以及市人民政府确定的其他区域。需要注意的是，中心城区的具体范围并非固定不变，须根据本市人民政府有关调整中心城区的决定来确定。

依据法律的实施不溯及既往的原则，本条关于巡游出租汽车客运经营许可条件中，涉及经营权数量的规定，仅适用于本条例修正案实施后在本市依法设立的从事巡游出租汽车客运经营的公司、非公司企业。

（二）车辆条件

车辆条件，也称车辆资质。依据本条第二项，车辆条件，指经营者拥有或拟投入的巡游出租汽车车辆须符合规定的技术标准和环保标准。

车辆技术标准包括轴距、排量、发动机功率、车辆年限等；环保标准包括燃料类型、排放标准等。车辆技术管理、环保标准按照市、区人民政府、交通主管部门规范性文件确定。

目前，国家出台的最新巡游出租汽车车辆标准是《出租汽车运营服务规范》（GB/T 22485—2021）。市交通主管部门和中心城区外的区县（自治县）交通主管部门也分别出台了有关巡游出租汽车车型、排量、车身颜色等具体规范。这些规定对经营者均具有约束力。

本条第二项所称拟投入车辆承诺书，指已经取得巡游出租汽车车辆经营权但尚未投入车辆的经营者，应向道路运输机构提交的一定时限内投入车辆的承诺书。此项承诺包括两方面的要求：一是技术管理和环保标准，经营者须承诺拟购置并投入符合技术管理、环保标准的车型；二是承诺在合理时限内购置车辆，原则上应当不超过取得经营许可之日起三十日。因为巡游出租汽车提供的是公共服务，经营者有义务在合理的期限内，投放巡游出租汽车服务公众。

依据本条，申请经营许可需要具有一定数量的巡游出租汽车车辆经营权，但是具有一定数量的巡游出租汽车车辆经营权，尚未购置车辆的经营者，也可以取得新的巡游出租汽车经营许可。对于经营者来说，本规定优化了营商环境。

（三）驾驶员条件

本条第三项所称有取得巡游出租汽车从业资格的驾驶员，指经营者在申请许可时已经聘用或者拟聘用具备从业资格的驾驶员。《巡游出租汽车经营服务管理规定》第九条第四项规定，经营者尚未聘用驾驶员，但能提交拟聘用的驾驶员资格证件也符合本条规定的驾驶员条件。

值得注意的是，交通主管部门在决定是否给予经营者许可时，既审查经营者是否已经聘用或拟聘用符合相应数量要求的驾驶员，也审查这些驾驶员是否已经取得法定的从业资格。

驾驶员的从业资格规范，包括《出租汽车驾驶员从业资格管理规定》《重庆市巡游出租汽车客运管理办法》《重庆市道路运输驾驶员管理办法》等。

（四）经营场所和停车场地

本条第四项要求，经营者申请巡游出租汽车经营许可，须有与其经营规模相适应的经营场所和停车场地。按照《巡游出租汽车经营服务管理规定》第九条第六项的规定，巡游出租汽车经营许可的申请材料包括"经营场所、停车场的有关使用证明"。这一规定表明，租用经营场所和停车场地也符合申请巡游出租汽车经营许可的条件。

（五）管理制度

依据本条第五项，巡游出租汽车客运经营者应当建立健全的管理制度。《巡游出租汽车经营服务管理规定》第八条第三项规定"有健全的经营管理制度、安全生产管理制度和服务质量保障制度"。据此，本条所称"管理制度"包括经营管理、安全生产管理和服务质量保障等制度。

二、本条未列明的市场准入条件

所谓"其他条件"，指本条列举的五项条件的具体化规定及其之外的条件。至于其他条件的内容，由法律、行政法规、地方性法规、规章予以规定。

市、区县（自治县）人民政府和交通主管部门可以对本条所列举的法定条件作出具体化(细化)规定，如本条第二项所称"符合技术管理、环保等标准的车辆"，其应当符合以下要求：中心城区内的巡游出租汽车的外观标识或安装专用的设施设备，应符合市交通主管部门的有关规定；中心城区外的车辆应符合相应区县（自治县）交通主管部门发布的车容车貌及标识管理相关规定。具体请参见本释义第十六条的释义。

目前，除本条例外，巡游出租汽车客运的其他规定主要包括《巡游出租汽车经营服务管理规定》《出租汽车驾驶员从业资格管理规定》《重庆市巡游出租汽车客运管理办法》《重庆市道路运输驾驶员管理办法》等。

第十四条　巡游出租汽车实行特许经营，车辆经营权无偿、有期限使用，经营者不得出租或者擅自转让。

【本条主旨】

本条规定了巡游出租汽车特许经营制度。

【本条释义】

本条有三层意思：本市巡游出租汽车实行特许经营，非经许可，任何人不得经营巡游出租汽车业务；本市对巡游出租汽车车辆经营权实行无偿、有期限许可，经营者取得许可无须付费，但限于车辆经营权期限内经营；禁止出租或擅自转让车辆经营权。

一、特许经营

巡游出租汽车经营属于《中华人民共和国行政许可法》第十二条第二项"有限自然资源开发利用、公共资源配置以及直接关系公共利益的特定行业的市场准入等，需要赋予特定权利的事项"。

本条所称特许经营是指经营者如果在本市中心城区或中心城区外的区县（自治县）从事巡游出租汽车经营活动，应当依法申请，并取得交通主管部门授予的许可。

《巡游出租汽车经营服务管理规定》第十一条、第十三条和第十五条分别规定了巡游出租汽车经营许可的决定、车辆经营权证明的发放和车辆《道路运输证》的核发。根据本条规定，结合《巡游出租汽车经营服务管理规定》的上述规定，经营者在本市开展巡游出租汽车经营前，应当依法取得三项许可，包括：一是对巡游出租汽车经营者授予的特许，表现为交通主管部门核发的《巡游出租汽车经营行政许可决定书》；二是对巡游出租汽车车辆经营权的特许，表现为交通主管部门发放的特定数量的车辆经营权证明；三是对巡游出租汽车车辆的特许，表现为交通主管部门核发特定车辆的《道路运输证》。

二、车辆经营权无偿、有期限使用

巡游出租汽车车辆经营权无偿使用，指经营者依据本条规定，可以申请取得巡游出租汽车车辆经营权，并且在有效期内无偿地使用，无需付费。车辆经营权，属于公共资源，习惯上也称其为巡游出租汽车客运特许经营权指标，是指经政府及其交通主管部门依法授权，经营者能够使用符合巡游出租汽车客运条件的车辆，经营巡游出租汽车客运的权利。经营者取得多少指标，即意味着享有多少车辆经营权。所谓无偿使用，指经营者依法取得及行使巡游出租汽车车辆经营权，无须向实施许可的政府一方付费。本条例第十五条进一步明确了巡游出租汽车车辆经营权的具体取得方式；该条第三款还规定："鼓励以安全服务质量、信用评价结果为重要依据，通过招标等方式投放巡游出租汽车车辆经营权。"

本条所称有期限使用，指经营者对每次依法取得的一定数量的巡游出租汽车的车辆经营权均限于在许可的期限内使用，不能超期使用。也可以说，许可机关每次授予给经营者的具体数量的车辆经营权都是附期限的使用权，过期即归于失效。按照《巡游出租汽车经营服务管理规定》第十六条的规定，巡游出租汽车车辆经营权具体期限，由县级以上地方人民政府出租汽车行政主管部门报本级人民政府根据投入车辆的车型和报废周期等因素确定。而依据《重庆市巡游出租汽车客运管理办法》第六条的规定，本市的巡游出租汽车车辆经营权的期限由市人民政府批准。依据该办法第十条的规定，中心城区的巡游出租汽车车辆经营权有效期为十二年；中心城区以外的巡游出租汽车车辆经营权有效期由区县（自治县）人民政府确定，但最长不得超过当地确定的巡游出租汽车使用年限的两倍。

《国务院办公厅关于深化改革推进出租汽车行业健康发展的指导意见》（国办发〔2016〕58号）规定"新增出租汽车经营权一律实行

有期限制，不得再实行无期限制""对于现有的出租汽车经营权未明确具体经营期限的，城市人民政府要综合考量各方面因素，科学制定过渡方案，合理确定经营期限"。出租汽车经营权有期限使用，一是有利于避免产生经营权一旦授予终生拥有的误解；二是有利于实施经营权的再分配，体现奖优罚劣；三是有利于督促企业依法经营，落实责任，争取更好的考核等级，以获得继续经营的资格。

三、不得出租或擅自转让

本条所称出租，指经营者将其取得的巡游出租汽车车辆经营权交他人使用，通过收取租金来获取收益的经营行为。本条禁止经营者出租巡游出租汽车车辆经营权。

本条所称不得擅自转让，指经营者未经原许可机关同意或批准，不得自行转让其已经取得的特定数量车辆经营权。

车辆经营权的转让，习惯上也称指标转让。而车辆经营权，法律性质则属于巡游出租汽车车辆经营行政许可。《重庆市巡游出租汽车客运管理办法》第十二条设置两款分别规定了车辆经营权的收回和转让。按照该条第一款的规定，巡游出租汽车车辆经营权因故不能继续经营的，原许可机关可以优先无偿收回。因此，在特定车辆的剩余经营期限内，经营者如果不愿意再继续持有该车辆经营权且经原许可机关认可，即有正当理由的，应当将其交原许可机关收回，并不得以经营权仍有剩余期限为由主张任何赔偿或补偿。

从规范体系的角度讲，该条第二款属于第一款的例外规定。一方面，第二款允许经营者将特殊情形下的车辆经营权予以转让；另一方面，又设置了具体的转让条件和手续。转让行为应具备的条件包括：车辆经营权来自于有偿取得（即本市实行车辆经营权无偿取得制度之前依法取得，并向政府支付了有偿使用费）；车辆经营权自取得之日起已满三年且剩余经营期限一年以上；确需转让的。从手续上讲，经营者转让车辆经营权时，应当向原许可机关办理变更许可手续。不符合该条第二款规定条件的车辆经营权，许可机关不得同意被许可人办理转让手续；未办理变更许可手续而自行转让车辆经营权的，属于擅自转让。

值得注意的是，转让不同于出租。转让，属于权益处分行为；经营者转让车辆经营权的法律后果是，被转让的车辆经营权归受让人取得，同时经营者不再是被转让的车辆经营权的合法使用人。车辆经营权出租属于巡游出租汽车的经营行为；经营者没有丧失被出租的车辆经营权，只是改变了经营的方式，即：出租人是名义上的车辆经营权使用人，而承租人是实质上的车辆经营权使用人。依据《中华人民共和国行政许可法》第二条的规定，行政许可是行政机关根据公民、法人或者其他组织的申请，经依法审查，准予其从事特定活动的行为。据此，行政许可的授权具有明确的指向性；经营者通过出租车辆经营权的方式经营巡游出租汽车业务，实质改变了许可授权的指向，使未取得特定许可的承租人获得实质从事许可经营的机会，不符合许可机关授予其许可经营权的要求或条件。因此，对于出租行为，本条予以无条件禁止；对于转让行为，本条则实行原则上禁止，例外情形下允许的处理规则。结合《重庆市巡游出租汽车客运管理办法》第十二条的规定，所允许的转让指符合规定条件且办理了规定的许可变更手续的转让。

四、违反本条的法律后果

违反本条，未取得巡游出租汽车经营许可而从事巡游出租汽车经营活动的，适用《巡游出租汽车经营服务管理规定》第四十五条的规定予以处罚。

违反本条，出租或擅自转让巡游出租汽车车辆经营权的，适用《巡游出租汽车经营服务管理规定》第四十七条第二款的规定予以处罚。

第十五条 市、区县（自治县）人民政府应当根据平均有效里程利用率和城市规模等变动情况，合理决定投放巡游出租汽车车辆经营权数量。

中心城区的巡游出租汽车车辆经营权投放方案由市交通主管部门制定，报市人民政府批准。中心城区以外的区县（自治县）的巡游出租汽车车辆经营权投放方案由区县（自治县）人民政府制定，报市人民政府批准。

鼓励以安全服务质量、信用评价结果为重要依据，通过招标等方式投放巡游出租汽车车辆经营权。

【本条主旨】

本条是关于巡游出租汽车投放数量、方案和方式及其依据的规定。

本条修订新增了以经营者的安全服务质量、信用评价结果作为经营权投放重要依据的规定。以服务质量为导向，实现经营权资源向优质企业分配，有利于激励企业提高经营管理的积极性，扶持高质量服务经营主体，逐步建立"奖优罚劣"的经营权投放导向。

【本条释义】

本条分三款，有三层含义：巡游出租车辆经营权投放数量分别由区县（自治县）人民政府决定；中心城区和中心城区以外区县（自治县）的投放方案均由市人民政府批准；鼓励依据安全服务质量、信用评价结果，通过招标投放车辆经营权。

一、车辆经营权投放数量的决定

1.分区批准

国内外大多数地方都对巡游出租汽车车辆经营权数量进行管制，本条例继续沿用该管理模式，对中心城区内和中心城区以外区县（自治县）的巡游出租车数量分别进行调控。调控巡游出租汽车经营权数量应以市场供求关系为重要依据。

2.投放条件

投放巡游出租汽车经营权数量需以市场供求关系为重要依据。《重庆市巡游出租汽车客运管理办法》第五条规定："投放巡游出租汽车车辆经营权应当综合考虑市场实际供需状况、巡游出租汽车运营效率、城市规模等因素，科学确定巡游出租汽车运力规模，保持巡游出租汽车客运供需基本平衡。在本营运区域内巡游出租汽车年平均有效里程利用率达到60%或者基于市场需要，可以动态调控巡游出租汽车车辆经营权数量。"

二、巡游出租汽车投放方案的确定

依据本条，巡游出租汽车车辆经营权的投放方案，由市人民政府确定。

三、平均有效里程利用率

平均有效里程利用率，指巡游出租汽车载客行驶里程与总行驶里程比。平均有效里程利用率 = 载客总里程 / 车辆总行驶里程 × 100%，测算周期一般以"年度"为时间跨度。依据本条，平均有效里程利用率是市、区县（自治县）人民政府决定投放车辆经营权数量的重要依据之一。其目的在于合理确定巡游出租汽车投放规模，满足公众出行需求。

四、信用评价结果

信用评价结果，指交通主管部门依据信用管理规范对道路运输经营者作出的服务质量评价结论。依据本条，经营者的信用评价结果可以作为取得许可的重要依据之一。

《中华人民共和国行政许可法》《国务院关于建立完善守信联合激励和失信联合惩戒制度加快推进社会诚信建设的指导意见》（国发〔2016〕33 号）和《交通运输守信联合激励和失信联合惩戒对象名单管理办法（试行）》均要求道路运输行政许可运用信用信息。

五、通过招标等方式投放巡游出租汽车车辆经营权

通过招标等方式投放巡游出租汽车车辆经营权，指车辆经营权的投放可以使用招标的方式，还可以使用其他方式。依据本条，车辆经营权的投放原则上应当采用本条列举的"招标"方式；只有在招标不可行时，才可以使用其他方式投放车辆经营权。

第十六条　投入营运的巡游出租汽车应当符合下列条件：

（一）技术管理、环保等标准符合规定；

（二）标志顶灯、计价器、空车标志、车载智能终端符合规定；

（三）车身颜色符合规定，并在规定位置喷印有行业投诉电话、行业编号，明示租价标志；

（四）不得违反规定在车身内外设置、张贴广告和宣传品。

巡游出租汽车经营者应当按照所取得的巡游出租汽车

车辆经营权数量投入符合条件的车辆，并向经营所在地的交通主管部门申请车辆道路运输证。交通主管部门应当向符合条件并登记为巡游出租汽车客运经营的车辆核发车辆道路运输证。

【本条主旨】

本条是关于巡游出租汽车车辆条件和经营者投入车辆及办理《道路运输证》的规定。

【本条释义】

本条分两款，有三层意思：投入营运的巡游出租车辆应符合规定的条件；经营者须为车辆申领《道路运输证》；申领《道路运输证》的车辆应具备规定的条件。依据本条，车辆应符合以下四项条件：符合相关技术管理、环保等标准；安装标志顶灯等专用设施和设备；车身喷涂规定的颜色，喷印行业投诉电话等外观标识；车身内外不得违规设置、张贴广告和宣传品。

一、车辆应符合的条件

（一）技术管理和环保标准等规定

本条第一款第一项规定车辆技术管理和环保符合规定。2021 年 8 月 20 日，国家市场监督管理总局和中国标准化委员会联合发布了《出租汽车运营服务规范》（GB/T 22485—2021），该标准已经于 2022 年 3 月 1 日施行。本市巡游出租汽车应当符合该标准和本市有关规定。该标准第 5 部分"运输车辆"规定如下：

5.1 基本要求

5.11 车辆技术条件应符合 GB 7258 的规定和出租汽车行政主管部门的相关要求。

5.1.2 车辆维护、检测、诊断应符合 GB/T 18344 的规定。

5.1.3 车辆污染物排放限值应符合 GB 18352.6 的规定。

5.1.4 车辆内饰材料应符合 GB 8410 的规定。

5.1.5 车辆应取得公安部门核发的机动车牌照和行驶证，取得服务所在地出租汽车行政主管部门核发的营运证件。

5.1.6 车载卫星定位系统宜参照 JT/T 794 及其他有关规定，车辆按规定配置消防器材。

5.1.7 出租汽车专用设施设备及服务标识配置齐全，功能正常。空调正常。

5.1.8 无障碍出租汽车的专用装置应功能正常，轮椅、拐杖安放空间应充足，固定牢靠无松动。

（二）车辆设施、车容车貌及标识要求

本条第一款第二项、第三项规定了车辆设施、车容车貌及标识。车辆设施、车容车貌及标识除符合《出租汽车运营服务规范》（GB/T 22485—2021）第5部分"运输车辆"的"5.2车容车貌要求"外，中心城区内的巡游出租汽车还应当符合市交通主管部门的有关规定；中心城区外各区县（自治县）的车辆应符合相应区县（自治县）交通主管部门发布的车容车貌及标识管理相关规定。

（三）没有违规设置广告

本条第一款第四项所称不得违反规定在车身内外设置、张贴广告和宣传品，指从状态上看，车身内外没有违规设置或张贴的广告和宣传品。

本条并不禁止巡游出租汽车设置、张贴广告和宣传品，而是要求车身内外设置的广告和宣传品符合法律法规等相关规定。

二、《道路运输证》的申领

《道路运输证》，属于行政许可证件。取得《道路运输证》是车辆投入巡游出租汽车客运的前置条件。本条第二款规定了车辆《道路运输证》的申请、申请条件和颁发。

（一）申请

依据本条，《道路运输证》的申请，须向经营所在地的交通主管部门提出。也就是说，该证的办理，实行属地管理。

（二）申请条件

经营者申领《道路运输证》，须满足以下条件：①经营者已经取得巡游出租汽车车辆经营权。②拟投入营运的车辆符合法定条件，包括：本条第一款所列举的条件；本条例第九十四条第五项规定；《巡游出租汽车经营服务管理规定》《出租汽车运营服务规范》

（GB/T 22485—2021）等相关规章、国家标准及本市规定的条件。③车辆已经办理巡游出租汽车客运机动车登记，即车辆的机动车行驶证上"使用性质"一栏须记载为"出租客运"。

（三）颁发

依据本条，交通主管部门对于符合申领条件的车辆，应当颁发《道路运输证》。

值得注意的是，依据本条，结合本条例第九十四条第五项的规定，投入营运的巡游出租汽车应当符合的条件，除本条第一款所列明的各项要求外，还包含车型为七座及以下的乘用车、机动车使用性质被登记为"出租客运"和车辆已经办理了《道路运输证》三项条件。

三、违反本条的法律后果

违反本条第一款第二项和第三项，适用本条例第七十二条予以处罚；违反本条第一款第四项，适用本条例第七十五条予以处罚。

第十七条 巡游出租汽车以外的其他车辆不得设置与巡游出租汽车相同或者相似的车辆外观标识，不得喷涂专用或者相类似的巡游出租汽车车体颜色、图案，不得安装、使用专用或者相类似的巡游出租汽车标志顶灯、计价器、空车标志、车载智能终端等易与巡游出租汽车相混淆的营运标识或者设施设备。

【本条主旨】

本条是关于禁止非巡游出租汽车混淆或仿冒巡游出租汽车的规定。

【本条释义】

本条的法律意思是，巡游出租汽车外观标识为专用标识，禁止非巡游出租汽车混淆或仿冒巡游出租车的外观标识，包括颜色、图案、营运标识和设施。本条首先概括性规定非巡游出租汽车不得混淆或仿冒巡游出租汽车的外观标识；然后又具体规定了禁止实施混淆或仿冒巡游出租汽车外观标识行为，包括：非巡游出租汽车不得混淆或仿冒巡游出租车颜色、图案；非巡游出租汽车不得混淆或仿冒巡游出租车营运标识或设施。

一、不得喷涂专用或者相类似的巡游出租汽车车体颜色和图案

本市中心城区内和中心城区以外投入营运的巡游出租汽车分别喷涂不同的车身颜色。目前中心城区出租汽车车身颜色统一采用柠檬黄颜色，中心城区以外区县（自治县）巡游出租汽车车身颜色由当地交通主管部门确定。

所谓"专用"颜色，指按照本市有关规定确定的巡游出租汽车车身颜色。所谓"相类似"的颜色，指与巡游出租汽车专用车体颜色有所不同但视觉上基本无差别，足以使人误以为是巡游出租汽车专用颜色。所谓图案，指巡游出租汽车专用车体颜色与腰条的特定组合。经交通主管部门审定并对外公布的颜色和图案的组合即成为巡游出租汽车专用的外观标识，非巡游出租汽车不得在车身上喷涂巡游出租汽车专用或类似颜色和图案。

目前，重庆市中心城区内的巡游出租汽车专用图案为车身通体为柠檬黄颜色，同时饰以黑白方格带组成的腰条。中心城区外的区县（自治县）巡游出租汽车专用图案，由当地交通主管部门规定。如《重庆市璧山区巡游出租汽车车容车貌及标识设施管理规范》规定：巡游出租汽车专用图案为车身上部为嫩绿色，下部为银灰色，中间加黑白相间的腰带。

二、不得安装或使用专用或类似巡游出租汽车的营运标识和设施设备

巡游出租汽车车身的营运标识，指巡游出租汽车应在车身上喷印的行业编号、企业名称（简称）、监督电话、企业自编号、价签等用于公示营运信息的文字。

巡游出租汽车营运设施设备，指投入营运的巡游出租汽车应安装的标志顶灯、计价器、空车标志、车载智能终端等满足营运特殊需求的装置。

根据巡游出租汽车特许经营管理的需要，交通主管部门对巡游出租汽车应喷印的营运标识进行审定并对外公布；对巡游出租汽车应安装使用的特定设施设备进行审定并对外公布。非巡游出租汽车不得喷印巡游出租汽车专用或类似的企业名称（简称）、行业编号、监督电话、

企业自编号、价签等营运标识；不得安装巡游出租汽车专用或类似的标志顶灯、计价器、空车标志、车载智能终端等设施设备。

三、违反本条的法律后果

违反本条，假冒巡游出租汽车从事经营活动的，适用本条例第七十三条予以处罚；混淆或仿冒巡游出租汽车的，适用本条例第八十六条予以处罚。

第十八条 申请从事出租汽车客运经营服务的驾驶人员，应当符合法律、法规、规章规定的相应条件，依法取得从业资格证。

【本条主旨】

本条是关于出租汽车客运驾驶员从业资格的规定。

【本条释义】

本条有三层意思：本市对出租汽车驾驶员（包括巡游出租汽车驾驶员和网络预约出租汽车驾驶员）依法实行从业资格管理；出租汽车驾驶员在从业前须依法取得相应的从业资格证；申请从事出租汽车客运的驾驶员应当符合有关法律法规、规章所规定的从业条件。

一、从事出租汽车客运经营服务的驾驶人员及其从业资格

本条所称从事出租汽车客运经营服务的驾驶人员，包括巡游出租汽车驾驶员和网络预约出租汽车驾驶员。按照《出租汽车驾驶员从业资格管理规定》第三条的规定，国家对出租汽车驾驶员依法实行从业资格管理。本条规定，在本市申请从事巡游出租汽车客运服务或网络预约出租汽车客运服务的驾驶人员，应当遵守法律法规、规章关于从业资格管理的规定，持证从业。出租汽车驾驶员从业资格实行分类管理，申请从事巡游出租汽车客运服务的驾驶员须持有《巡游出租汽车驾驶员证》；申请从事网络预约出租汽车客运服务的驾驶员须持有《网络预约出租汽车驾驶员证》。

二、出租汽车驾驶员从业资格证的取得方式

按照《出租汽车驾驶员从业资格管理规定》第十四条、《网络预约出租汽车经营服务暂行办法》第十五条、《重庆市网络预约出租汽车经营服务管理暂行办法》第十九条的规定，申请从事巡游出租汽车客运服务的驾驶人员，须经考试合格才能取得《巡游出租汽车驾驶员证》，申请从事网络预约出租汽车客运服务的驾驶人员，须经考试或考核合格才能取得《网络预约出租汽车驾驶员证》。

此外，按照《网络预约出租汽车经营服务暂行办法》《重庆市网络预约出租汽车经营服务管理暂行办法》，以及《关于切实做好出租汽车驾驶员背景核查与监管等有关工作的通知》（交通运输部办公厅公安部办公厅交办运〔2018〕32号）的规定，申请巡游出租汽车驾驶员或网络预约出租汽车驾驶员考试的，须先经从业背景核查合格才能参加考试；申请网络预约出租汽车驾驶员考试或考核的，也须先经从业背景核查合格。申请上述两类从业资格证的背景核查事项完全一致，包括以下六项：无交通肇事犯罪、危险驾驶犯罪记录，无吸毒记录，无饮酒后驾驶记录，最近连续三个记分周期内没有记满十二分记录的材料，无暴力犯罪记录的材料。

三、申请参加出租汽车驾驶员从业资格考试或考核的条件

综合本条例第八十九条第一款、《出租汽车驾驶员从业资格管理规定》第十条、《网络预约出租汽车经营服务暂行办法》第十四条、《重庆市巡游出租汽车客运管理办法》第十六条、《重庆市网络预约出租汽车经营服务管理暂行办法》第十八条、《重庆市道路运输驾驶员管理办法》第七条第一款和第三款的规定，申请参加巡游出租汽车驾驶员或网络预约出租汽车驾驶员从业资格考试的，应当符合以下条件：①取得相应准驾车型机动车驾驶证并具有三年以上驾驶经历。②无交通肇事犯罪、危险驾驶犯罪记录，无吸毒记录，无饮酒后驾驶记录，最近连续三个记分周期内没有记满十二分记录。③无暴力犯罪记录。④男性年龄不超过六十周岁，女性年龄不超过五十五周岁。⑤三年内无重大以上交通责任事故记录。⑥最近五年内无被吊销道路运输驾驶员从业资格证的记录。⑦身体健康状况符合从业要求。

按照《重庆市网络预约出租汽车经营服务管理暂行办法》第十九条第二款的规定：申请参加网络预约出租汽车驾驶员从业资格考核的，应当具备以下条件：①持有巡游出租汽车从业资格证。②在最近三年内连续从事运营服务，诚信考核等级均达到 AAA 级。③符合《重庆市网络预约出租汽车经营服务管理暂行办法》第十八条所规定的条件。

目前，《重庆市道路运输驾驶员管理办法》正处于立法修订中，关于出租汽车驾驶员的从业年龄条件等有关规定可能发生变动。申请参加出租汽车驾驶员从业资格考试的，应当符合申请时法律法规、规章的规定。

第十九条　巡游出租汽车客运经营者应当到道路运输机构为驾驶员办理从业服务注册，注册的服务单位应当与其所驾驶车辆的道路运输证上的单位一致。巡游出租汽车驾驶员终止劳动合同或者经营合同的，巡游出租汽车客运经营者应当在二十日内到原注册机构申请注销注册。

【本条主旨】

本条规定了巡游出租汽车经营者办理注册手续的义务。

【本条释义】

本条规定巡游出租汽车驾驶员的从业服务注册与注销注册。有三层意思：巡游出租汽车经营者承担办理驾驶员从业注册义务；驾驶员的从业服务注册单位须与其所驾驶车辆的《道路运输证》记载的单位一致；巡游出租汽车经营者应在终止与驾驶员的合同关系后，及时办理从业服务注销注册，期限为二十天。

一、劳动合同或经营合同

我市巡游出租汽车行业因经营模式不同，造成经营者与驾驶员签订的合同存在两种基本类型：即劳动合同与经营合同。

巡游出租汽车实行公司化经营的，经营者与驾驶员的法律关系是劳动合同关系。一般来说，经营者与聘用的驾驶员之间签订了劳动合同和经济责任书，其中经济责任书明确驾驶员为企业按期完成定额劳动任务。

巡游出租汽车实行承包经营的，经营者与驾驶员之间的法律关系是承包经营合同关系。经营合同中一般会明确承包金及其缴纳方式。其中部分承包经营实行类似合作经营的方式，经营收益除用于向经营者支付固定的管理费外，剩余收益归承包人所有。

二、巡游出租汽车驾驶员从业服务注册与注销

出租汽车驾驶员从业服务注册，是指巡游出租汽车客运经营者聘用驾驶员后，应当到经营者所在地的区县（自治县）道路运输机构办理驾驶员的从业资格注册，方可安排上岗服务。按照交通运输部《出租汽车驾驶员从业资格管理规定》的规定，注册的操作方式是：由巡游出租汽车客运经营者在驾驶员从业资格注册登记表中详细登记驾驶员信息，加盖经营者印章后，提交到经营者所在地区县（自治县）道路运输机构，道路运输机构更新从业资格证 IC 卡内的信息。

经营者与驾驶员终止劳动合同或经营合同后，应当办理该驾驶员的从业服务注册的注销手续。办理时限为合同终止之日起二十天内。

第二十条　市、区县（自治县）人民政府可以根据经济社会发展需要，对网络预约出租汽车数量实施调控。

【本条主旨】

本条是关于网络预约出租车数量调控的规定。

【本条释义】

依照本条，市、区县（自治县）人民政府有权对拟投入营运的网络预约出租汽车数量进行调控；调控的依据是相应行政区域内的经济社会发展需要。

一、网络预约出租汽车经营

网络预约出租汽车客运经营，是指以互联网技术为依托构建服务平台，整合供需信息，使用符合条件的车辆和驾驶员，提供非巡游的预约出租汽车服务的经营活动。

二、网络预约出租汽车车辆数量调控

网络预约出租汽车的车辆数量调控决定权，归属于市、区县（自治县）人民政府。

目前，重庆市的中心城区内网络预约出租汽车数量调控实行"一盘棋"管理，即中心城区内各区拟投入的网络预约出租汽车数量调控统一由市人民政府决定。中心城区外拟投入的网络预约出租汽车数量，

由相应区县（自治县）人民政府决定。

出租汽车管理是属于地方事权，城市人民政府是出租汽车行业管理的责任主体。本条例第四条明确规定了市、区县（自治县）人民政府统筹各类道路运输方式协调发展的职责。

第二十一条 网络预约出租汽车平台公司承担承运人责任和社会责任，应当保证运营安全，保障乘客权益。

网络预约出租汽车平台公司不得向未取得合法资质的车辆、驾驶员提供信息对接开展网络预约出租汽车经营服务。

网络预约出租汽车车辆所有人、驾驶员应当通过取得经营许可的网络预约出租汽车服务平台提供运营服务。

【本条主旨】

本条是关于网络预约出租汽车平台公司及车辆所有人和驾驶员服务方式的规定。

【本条释义】

本条分为三款，有三层意思：网络预约出租汽车平台公司的责任；网络预约出租汽车平台公司提供服务的禁止性规范；车辆所有人及驾驶员提供网络预约出租汽车服务的合法方式。

一、网络预约出租汽车平台公司的责任

本条所称网络预约出租汽车平台公司，也称网络预约出租汽车经营者，指依法成立并取得网络预约出租汽车客运经营许可的企业法人。在网络预约出租汽车客运合同关系中，平台公司是合同当事人，具有承运人的身份。

本条所称承运人责任，指平台公司作为网络预约出租汽车客运的承运人依法承担对乘客的合同责任。

依照《中华人民共和国民法典》第十九章"运输合同"第一节和第二节的规定，客运承运人责任包括：①不得拒绝旅客、托运人通常、合理的运输要求。②在约定期限或者合理期限内将旅客安全运输到约定地点。③按照约定的或者通常的运输路线将旅客运输到约定地点。④严格履行安全运输义务，及时告知旅客安全运输应当注意的事项。

⑤降低服务标准的，应当根据旅客的请求退票或者减收票款；提高服务标准的，不得加收票款。⑥在运输过程中，应当尽力救助患有疾病、分娩、遇险的旅客。⑦对运输过程中旅客的伤亡承担赔偿责任；但是，伤亡是旅客自身健康原因造成的或者承运人证明伤亡是旅客故意、重大过失造成的除外。

二、平台公司合规经营服务义务

本条第二款规定了平台公司不得向未取得合法资质的车辆、驾驶员提供服务。

对网络预约出租汽车车辆实行资质管理，是本条例第二十二条的明文规定；对网络预约出租汽车驾驶员实行从业资格管理，是《出租汽车驾驶员从业资格管理规定》第三条的明文规定。本条所称"合法资质的车辆、驾驶员"，指取得有效的《网络预约出租汽车运输证》的车辆和持有有效的《网络预约出租汽车驾驶员证》的驾驶员。

合法资质的车辆和驾驶员，是保障网络预约出租汽车营运安全和乘客安全的重要条件。没有合法资质的车辆或驾驶员，网络预约出租汽车运行有安全风险。平台公司不应片面追求盈利效果，而无视网络预约出租汽车运营安全和乘客安全风险。

三、车辆所有人、驾驶员提供服务的合法方式

本条第三款所称车辆所有人、驾驶员应当通过取得经营许可的网络预约出租汽车服务平台提供运营服务，是一项强制性规范。也可以说，车辆所有人和驾驶员提供网络预约出租汽车服务的唯一合法方式是通过取得经营许可的网络预约出租汽车平台获取订单，提供服务。

本条所称"经营许可"，指《网络预约出租汽车经营服务管理暂行办法》第八条所规定的《网络预约出租汽车经营许可证》。

四、违反本条的法律后果

违反本条第二款，适用本条例第七十六条予以处罚；违反本条第三款，适用本条例第七十七条予以处罚。

第二十二条　从事网络预约出租汽车客运经营的车辆，应当符合以下条件：

（一）七座及以下乘用车；

（二）安装具有行驶记录功能的车辆卫星定位装置、应急报警装置；

（三）车辆技术性能符合运营安全和环保相关标准要求；

（四）机动车行驶证由本市公安机关核发，且机动车行驶证登记的车辆所有人住址所属区域与拟经营区域一致；

（五）车辆具体标准应当符合本市的规定。

网络预约出租汽车优先使用新能源汽车。

网络预约出租汽车客运经营者或者车辆所有人应当向机动车行驶证登记的车辆所有人住址所属区县（自治县）交通主管部门申请车辆道路运输证。交通主管部门应当向符合条件并登记为网络预约出租客运的车辆核发车辆道路运输证。

网络预约出租汽车车辆不得违反规定在车身内外设置、张贴广告和宣传品。

【本条主旨】

本条是关于网络预约出租汽车经营车辆条件的规定。

【本条释义】

本条共四款，有四层含义：一是规定网络预约出租汽车应符合的条件；二是网络预约出租汽车优先使用新能源汽车；三是规定申领道路运输证的条件和程序；四是禁止网络预约出租汽车违规发布广告。

一、网络预约出租汽车经营用车的条件

依据本条第一款规定，网络预约出租汽车经营用车应符合以下五项条件：车型符合规定；车辆安装了规定的营运安全设施；车辆的技术和环保符合规定标准；车辆具有本市车籍且车辆所有人住址在拟营运区域内；车辆符合本市的相关具体要求。

（一）七座及以下乘用车

乘用车，指在设计和技术特性上主要用于载运乘客及其随身行李或临时物品的汽车，座位数不超过九个（含驾驶员座位）。依据本条，网络预约出租汽车只能选用七座及以下的乘用车。

（二）车辆卫星定位装置

车辆卫星定位装置、车辆报警装置，指道路运输卫星定位系统中安装于车上的终端设备。借助于该设备，监控平台能够实时定位车辆的位置、运行轨迹，与车上人员进行通讯联络。本条规定网络预约出租汽车须安装该设施，主要目的在于保障乘客安全和营运安全。

（三）车辆的安全技术和环保标准

本条第一款第三项规定，车辆技术性能符合运营安全和环保相关标准。国家对网络预约出租汽车的安全技术和环保要求有具体标准的，经营者须保证其投入营运的网络预约出租汽车符合国家标准；本市交通主管部门有具体规定的，还应符合本市有关规定。

（四）本市车籍且车辆所有人住址在拟营运区域

本条第一款第四项规定，机动车行驶证由本市公安机关核发，且要求机动车行驶证登记的车辆所有人住址所属区域与拟经营区域一致。

所谓机动车行驶证由本市公安机关核发，指网络预约出租汽车须在本市公安机关办理了机动车登记手续，有本市车籍。

所谓机动车行驶证登记的车辆所有人住址所属区域与拟经营区域一致，指公安机关登记的车辆所有人住址须在拟营运区域内。

（五）车辆应当符合本市的相关具体要求

本条所称车辆具体标准应当符合本市的规定，指网络预约出租汽车除符合本条第一款规定的具体条件外，还须符合本市有关网络预约出租汽车的政府规章及市、区县（自治县）相关规范性文件。目前，《重庆市网络预约出租汽车经营服务管理暂行办法》对中心城区内营运的网络预约出租汽车做出了以下具体规范：须机动车初次注册（行驶证）之后两年内的车辆；发动机排量合规等。中心城区外的网络预约出租汽车须符合相应区县（自治县）相关规范性文件。

二、申领《网络预约出租汽车运输证》的条件和程序

依据本条第三款，《网络预约出租汽车运输证》的申请人可以是网络预约出租汽车经营者，也可以是车辆所有人。该证件的颁发实行

属地管理,就是说,由机动车行驶证登记的车辆所有人住址所属区县(自治县)交通主管部门负责颁发。

申请《网络预约出租汽车运输证》的条件包括两个方面:一是符合条件;二是车辆已经登记为网络预约出租客运。

本条所称"符合条件",指车辆符合本条第一款规定。所称"登记为网络预约出租客运",指机动车的用途被登记为"网络预约出租汽车客运",具体指车辆的行驶证的"使用性质"一栏被登记为"网络预约出租客运"。依据本条,非营运类型的车辆,不能用于网络预约出租汽车营运。

三、禁止网络预约出租汽车违规发布广告

依据本条第四款,网络预约出租汽车经营者不得违反规定在车身内外设置、张贴广告和宣传品。这是一项禁止性规范。需要注意的是,本项禁止的对象并非指向所有的广告行为,而是只针对违规行为。也就是说,本条不禁止广告行为,但禁止违规广告。所谓规定,指国家和本市的有关规定。

四、违反本条的法律后果

违反本条第四款,依据本条例第七十五条予以处罚。

第二十三条 出租汽车经营者应当遵守下列规定:

(一)执行国家和本市出租汽车客运经营服务规定;

(二)保持车容车貌整洁,保障车辆符合运营服务规定,车内设施设备完整、有效;

(三)不得组织人员和车辆从事定线运输;

(四)不得利用在车内安装的摄像装置等侵犯乘客隐私权;

(五)网络预约出租汽车平台公司不得允许网络预约出租汽车巡游揽客;

(六)网络预约出租汽车平台公司应当公示驾驶员从业服务注册信息;

(七)在机场、车站、码头等地点,网络预约出租汽

平台公司不得向未进入电子围栏区域的车辆派送订单。

【本条主旨】

本条是关于出租汽车经营者经营服务行为的规定。

【本条释义】

本条对巡游出租汽车和网络预约出租汽车经营者设定了七项服务行为规范。巡游出租汽车、网络预约出租汽车经营者应共同遵守的经营服务规范包括四项：执行国家和本市出租汽车经营服务规定；保持车容整洁，保障车辆合规，车内设施有效；不得组织定线运输；不得侵犯乘客隐私权。网络预约出租汽车经营者还应当遵守三项规范：不得允许网络预约出租汽车巡游揽客；公示驾驶员从业服务注册信息；在机场等地点，禁止向未进入电子围栏区域的车辆派送订单。

一、遵守国家和本市出租汽车客运经营服务规定

本条所称国家和本市出租汽车客运经营服务规定，包括《巡游出租汽车经营服务管理规定》《网络预约出租汽车经营服务管理暂行办法》《出租汽车驾驶员从业管理规定》《重庆市巡游出租汽车客运管理办法》《重庆市网络预约出租汽车经营服务管理暂行办法》等。

二、车容整洁且设施完整

车容车貌整洁，指车辆外观规整而干净。出租汽车车内设施的完整、有效，指巡游出租汽车和网络预约出租汽车应安装符合规定的全部专用设施设备，并保持其有效运行。按照规定，巡游出租汽车应当安装空车标识、计价器等专用设施设备；网络预约出租汽车应当安装卫星定位装置、应急报警装置等。

三、禁止组织定线运输

所谓组织定线运输，指经营者将多个出租汽车驾驶员和多辆出租汽车组合成为一个专门团队，策划、协调团队内的驾驶员从事固定线路的出租汽车客运经营服务。定线运输的组织活动，一般表现为经营者在运输线路、运输信息发布、寻找客源、车辆调配等环节的策划与协调。

四、禁止利用在车内安装的摄像装置等侵犯乘客隐私权

利用在车内安装的摄像装置等侵犯乘客隐私权，指经营者及其从业人员滥用在车内安装的视频监控、录音设备及其监控获得的资料，擅自下载视频影像资料，或擅自转交他人、对外散播，从而侵犯乘客的隐私。如果经营者擅自下载监控资料，或擅自将其转交他人，或擅自对外散播，侵犯乘客隐私，那么经营者就违反了本条规定。《重庆市社会公共安全视频图像信息系统管理办法》对滥用公共场所的影像侵犯隐私的行为也有具体规定。经营者侵犯乘客隐私，依据本条例应承担行政责任。乘客还可以依法追究经营者的民事责任。

五、禁止平台公司允许网络预约出租汽车巡游揽客

允许网络预约出租汽车巡游揽客，指平台公司同意或不阻止其平台下的网络预约出租汽车驾驶员巡游揽客的作为或不作为。本条禁止平台公司允许网络预约出租汽车巡游揽客，主要目的在于维护巡游出租汽车经营秩序。

六、平台公司应当公示驾驶员从业服务注册信息

平台公司应当公示驾驶员从业服务注册信息，指平台公司应当按照规定向乘客公示提供服务的网络预约出租汽车驾驶员的从业服务信息。具体来讲，平台公司在驾驶员承接乘客订单后，应当通过 APP 等服务平台向乘客公示驾驶员的注册服务信息，包括姓名、联系电话、从业资格证件、驾驶员信用考核等级等，保证乘客能够掌握驾驶员基本信息；平台公司也应该在网络预约出租汽车内，公示驾驶员的从业服务信息。设立本条义务，目的是保证乘客对驾驶员的知情权，以提升安全可靠性。

七、禁止平台公司向未进入电子围栏区域的车辆派送订单

本条所称电子围栏区域，指在电子地图上将机场、车站、码头等站场周边的一定区域设置为可以承接网络预约出租汽车派单的管控区。设置电子围栏的目的在于，防止网络预约出租汽车驾驶员在机场等站区乱停乱放、无序竞争。

本条所称禁止平台公司向未进入电子围栏区域的车辆派送订单，意思是：禁止平台公司将乘客订单派送给处于出发地电子围栏外的网络预约出租汽车。

八、违反本条的法律后果

违反本条第一、二、四项，适用本条例第七十五条予以处罚；违反本条第三、五、六、七项，适用本条例第七十六条予以处罚。

第二十四条 从事出租汽车客运经营服务的驾驶员应当遵守下列规定：

（一）执行国家和本市出租汽车客运经营服务规范、标准。

（二）保持车容车貌整洁，车内设施设备完整、有效。

（三）应当合理选择行驶路线；乘客指定行驶路线的，未经乘客同意，不得擅自变更。

（四）未经乘客同意，不得搭乘其他乘客。

（五）不得有言行骚扰、侮辱乘客等违背社会公序良俗的行为。

（六）巡游出租汽车驾驶员不得遮挡、损毁车载智能终端；车载智能终端具备在线支付功能的，不得拒绝乘客使用终端支付运费。

（七）巡游出租汽车驾驶员应当明示从业服务注册信息。

（八）巡游出租汽车驾驶员在未开启空车标志的情况下，不得揽客；开启空车标志时，不得拒载。

【本条主旨】

本条规定了出租汽车驾驶员的义务。

【本条释义】

本条为巡游出租汽车驾驶员和网络预约出租汽车驾驶员设定了八项服务规范。两类驾驶员应当共同遵守的服务规范包括五项：执行国家和本市出租汽车经营服务规范、标准；保持车容整洁、设施有效；尊重乘客指定的路线，无指定时合理选择路线；不得擅自搭乘其他乘客；不得有骚扰、侮辱乘客等违背公序良俗的行为。巡游出租汽车驾驶员还应当遵守三项服务规范：不得遮挡、损毁车载智能终端，不得拒绝乘客使用终端支付运费；车内明示从业服务注册信息；未开启空车标志不得揽客，开启时不得拒载。

一、执行国家和本市规范、标准

本条所称规范，指国家和本市有关部门制定并发布的关于出租汽车客运经营服务质量的法律、法规、规章等。

本条所称"规范"，包括《巡游出租汽车经营服务管理规定》《网络预约出租汽车经营服务管理暂行办法》《出租汽车驾驶员从业管理规定》和《重庆市巡游出租汽车客运管理办法》等。

目前关于出租汽车客运经营的标准，有国家市场监督管理总局、国家标准化管理委员会发布的《出租汽车运营服务规范》（GB/T 22485—2021）和交通运输部发布的《网络预约出租汽车运营服务规范》（JT/T 1068—2016），均属于推荐性标准。

二、车容整洁且设施有效

关于车容整洁且设施有效的问题，参见第二十三条的释义。

三、合理选择行驶路线，禁止擅自变更乘客指定的路线

本项有两层意思：一是要求驾驶员在乘客未指定行驶路线时合理选择路线；二是要求驾驶员尊重乘客对行驶路线的指示，在乘客指定路线后不得擅自变更。

（一）合理选择行驶路线

本条所称合理选择行驶路线，指驾驶员在乘客未指定行驶路线的前提下，应当为乘客选择合理地到达目的地的行驶路线。也就是说，驾驶员选择路线应当以乘客未指定路线为前提条件。乘客指定路线后，驾驶员不得自行选择路线。

一般情况下，驾驶员在如实介绍所选择路线的路况，包括回避拥堵、道路施工、绕行里程等情形后，经乘客同意或乘客未反对的，可以视为是合理的路线。

（二）禁止擅自变更乘客指定的路线

本条所称擅自变更乘客指定的行驶路线，指在乘客指定了行驶路线的情况下，驾驶员未经乘客同意，自作主张改变了乘客指定的行驶路线。

乘客指定的行驶路线包括乘客自行导航，不管是否合理，驾驶员

未取得乘客同意的，均不得自作主张改变行驶路线。也就是说，驾驶员不得以自己认为合理的路线来取代乘客的指定路线。

此处所谓同意，应以明示方式作出，即乘客明确表示接受驾驶员提出的改变路线的建议，才能视为同意。

四、禁止擅自搭乘其他乘客

本条禁止违背乘客意愿的合乘，但并不禁止合乘。也就是说本条只禁止出租车"强打组合"，并不禁止自愿打组合。

所谓擅自，指出租车驾驶员未取得搭乘在先的乘客（第一用户）同意而强行组合乘客拼车。认定同意的方式，限于"明示"，即搭乘在先的乘客明确表达了愿意组合乘车的意思，才能认定为同意。对驾驶员或第二乘客的组合乘车建议，搭乘在先的乘客如果未明确表示同意，即沉默就是拒绝。依照重庆市出租汽车计费标准，出租车在租用期间，在计价器能够满足合乘计费的前提下，合乘路段可以收取合乘费，合乘费用由乘客各负担70%，合乘路段不得再收起租费。因此，合乘的同意须包括对合乘费用分担达成一致意见；对费用分担不能达成一致意见的，应视为拒绝合乘。

网络预约出租汽车平台公司提供合乘服务的，应当在APP等乘客下单服务平台上征询乘客的意见，并公示合乘计价规则。

五、禁止违背公序良俗

不违背公序良俗是民事主体从事民事活动应遵守的基本原则；从事出租汽车客运活动的驾驶员更应当遵守该原则。本条要求出租汽车驾驶员不得违背公序良俗，并列举了违背公序良俗的部分典型行为，包括言行骚扰、侮辱乘客。

所谓公序良俗，指公共秩序和善良风俗，包括社会公德、商业道德和社会良好风尚。依据本条，驾驶员在从事运营服务过程中应当遵守社会文明公约，与乘客文明礼貌交流；如果有言行骚扰、侮辱乘客的行为，包括使用粗俗、涉黄涉性等言辞与乘客交流，利用智能设备观看涉黄涉性的视频，随地便溺等，那么驾驶员就违反了本条规定。

依据本条例，驾驶员违背公序良俗，应承担法律责任。

六、禁止遮挡、损毁车载智能终端，禁止拒绝乘客使用终端支付运费

本项禁止性规范包括三种禁止行为：一是禁止遮挡车载智能终端，二是禁止损毁车载智能终端，三是禁止拒绝乘客使用终端支付运费。

（一）遮挡车载智能终端与损毁车载智能终端

本条所称遮挡车载智能终端，指用其他物品临时遮挡住智能终端相关部位，影响信息展示或者终端相关功能的正常使用的行为。如果通过技术手段或损坏设备本身的方法，使智能终端常态性或不可逆地受遮挡，则属于损毁车载智能终端的行为。

本条所称损毁车载智能终端，指破坏、毁坏车载智能终端，对智能终端造成不可逆的破坏，导致相关功能无法正常使用。如果没有造成不可逆的损坏，只是通过技术手段，临时屏蔽或影响智能终端正常开启和使用，则属于不按照规定使用出租汽车相关设备的行为，应按《出租汽车驾驶员从业资格管理规定》第四十二条等相关规定承担法律责任。

构成上述两个违法行为，须排除行为人没有主观过错的情况。如并非基于影响智能终端正常使用的目的，而是因意外事件、他人行为导致遮挡、毁损的情况，则不应当按本条承担法律责任。当然，如果明知智能终端被遮挡、损坏但未及时修复仍继续用于营运，则属于不按照规定使用出租汽车相关设备的行为。

（二）拒绝乘客使用终端支付运费

本条所称拒绝乘客使用终端支付运费，指在车载智能终端具备在线支付功能的情况下，拒绝乘客使用终端支付运费的行为。"拒绝"的意思，既可以是通过语言来表示，也可以是通过明确的手势、动作来表示，如摆手、通过手势遮挡等。

值得注意的是，如果车载智能终端本身不具备在线支付功能，或因为客观原因导致临时不能使用在线支付功能，则不能按本条规定处罚。也就是说，如果车载智能终端损坏导致不能使用在线支付功能，则应当根据具体情况和主观过错，分别按照本条关于损毁车载智能终端的规定，和本条例第七十二条有关车载智能终端不符合规定的要求，进行处罚。

（三）本项禁止性规范的立法目的

巡游出租汽车的付费方式包括现金支付、向驾驶员个人手机支付、驾驶员自制的纸质收费二维码、扫描车载智能终端二维码支付等。本项禁止驾驶员遮挡、损毁车载智能终端和禁止拒绝使用终端付费，目的是维护乘客出行使用终端付费的选择权及其他合法权益。

乘客扫描车载智能终端二维码，除可以支付车费外，还可以离车评价驾驶员服务质量，同时也便于找寻乘客遗失的物品。使用驾驶员自制的纸质收费二维码或手机收费，则乘客无法评价驾驶员的服务，也不便于掌握所乘坐的车辆信息。

七、应当明示从业服务注册信息

应当明示从业服务注册信息，是指巡游出租汽车驾驶员应当通过智能终端或服务监督卡等方式，公开从业服务注册信息。该项强制性规范包含以下两层意思：

其一，应予明示的内容符合规定。结合重庆市巡游出租汽车的实际管理，巡游出租汽车驾驶员从业注册信息的公示，应当按规定通过智能终端显示屏、服务监督卡等进行公示。公示信息的内容一般有驾驶员姓名、照片、从业资格证号、所属企业以及服务评价等级等。

其二，应达到让乘客可知悉的效果。所谓明示，指应有让乘客便捷地看到和知悉驾驶员从业服务注册信息的效果。如果遮挡智能终端显示的从业服务注册信息，无法让乘客正常看到，则不是合法的明示。

违反该项义务，驾驶员应承担法律责任。

八、禁止未开启空车标志时揽客或开启空车标志时拒载

本项规定了两个禁止性规范：一是禁止巡游出租汽车驾驶员在未开启空车标志的情况下揽客；二是禁止巡游出租汽车驾驶员开启空车标志时拒载。

（一）禁止在未开启空车标志的情况下揽客

本条所称在未开启空车标志的情况下揽客，指巡游出租汽车驾驶员在未开启空车标志的情形下，招揽乘客乘坐的经营行为。

按照规定，巡游出租汽车在道路上巡游时，应当以开启空车标志的方式主动招揽或接受乘客招呼。也就是说，开启空车标志，是巡游出租汽车正常营运的标志。一旦招揽后乘客有乘车的意思，驾驶员就不得拒绝。

但是在实践中，有的驾驶员为了规避拒载的法律责任和风险，在招揽乘客、选客和挑客的同时，关闭空车标志，如果乘客投诉拒载或遇执法检查，驾驶员则以车辆不处于营运状态拒绝乘客乘车要约，或以车辆要交班、车辆燃料不足为由进行申辩。这种逃避法律责任，试图投机取巧的行为，无疑扰乱了出租汽车客运秩序，侵害了乘客权益。因此，本条禁止驾驶员实施此种不合规的营运行为。

（二）禁止开启空车标志时拒载

本条所称开启空车标志时拒载，指巡游出租汽车驾驶员开启空车标志巡游时，拒绝搭乘的行为。

值得注意的是，本条并不禁止巡游出租汽车驾驶员以正当理由拒绝搭乘。正当理由，指乘客乘车时提出不合法或不合理的要求以及其他规定的情形，包括：在不允许临时停车路段要求上客；在应排队载客区域上车搭载而不排队；要求超员超重携带违禁物品等违法装载；乘客表示无法支付费用；乘客无法清楚表述行程的目的地；醉酒、精神病患者在无监护陪伴下乘车等。

九、违反本条的法律后果

违反本条第一项、第三至八项，依据本条例第七十七条予以处罚。

第二十五条　出租汽车在营运过程中，可以在城市非禁停路段及禁停路段的临时停靠点即停即走，上下乘客。

【本条主旨】

本条规定了出租汽车营运中上下乘客的具体方式。

【本条释义】

依据本条，巡游和网络预约出租汽车可以在城市道路上下乘客：非禁停路段；在禁停路段的临时停靠点。

巡游出租汽车、网络预约出租汽车驾驶员在提供运营服务的过程中，应当遵守道路交通法律、法规、规章等规定。在未设定禁停的路段，或者禁停路段中设置的临时停靠点，可以即停即走、上下乘客。

非禁停路段，指公安机关交通管理部门未设置禁止停靠标志的路段。禁停路段的临时停靠点，指公安机关交通管理部门在禁停路段设立的临时停靠点，包括出租汽车专用的临时停靠点等。

第二十六条 出租汽车客运实行区域经营，不得从事起点和终点均在本营运区域外的载客业务，不得以预设目的地的方式从事定线运输。

【本条主旨】

本条规定了出租汽车区域经营原则。

【本条释义】

本条规范有三层含义：巡游出租汽车和网络预约出租汽车均实行属地经营原则；禁止巡游和网络预约出租汽车从事起点和终点均跨核定营运区域的经营；禁止巡游和网络预约出租汽车从事定线运输活动。

一、营运区域

本条所称"本营运区域"，指交通主管部门核定的营运区域。具体来说，出租汽车的《道路运输证》由市或者中心城区各区交通主管部门核发的，中心城区内即该车辆的营运区域；出租汽车的《道路运输证》由中心城区外的区县（自治县）交通主管部门核发的，核发机关所在的行政辖区即该车辆的营运区域。

二、出租汽车客运实行区域经营

出租汽车客运实行区域经营，指巡游出租汽车和网络预约出租汽车均应当在交通主管部门核定的区域内经营，不得跨越区域营运。

出租汽车客运实行区域经营的规定属于原则性规范，习惯上称"属地经营原则"。本条在规定该原则时，也规定出租汽车"不得从事起点和终点均在本营运区域外的载客业务"。该禁止性规范说明，本条不禁止客运业务的一端即起点或终点在核定区域外的营运行为。该营运行为作为属地经营原则的例外可以存在。因此，仅起点或终点一端在核定区域外的客运业务也是合法的。

允许出租汽车承揽一端在营运区域外的客运业务，便于解决两种乘坐出租汽车出行需求：一是乘客需到达出租汽车核定营运区外的目的地；二是出租汽车运送乘客到达营运区域外，返程时有乘客需到达该车核定区域内的目的地。当然，这两种客运业务量少，出租汽车日常经营的绝大多数客运业务应该在其核定区域内，主要满足行程起点和终点均在该区域内的乘客出行需求。

三、禁止跨区域营运

本条所称不得从事起点和终点均在本营运区域外的载客业务，意思是禁止跨区域营运。该规范实际上也界定了跨区域营运的认定标准，即一次运输行程的起始两端均不在本营运区域内。

四、禁止以预设目的地的方式从事定线运输

本条所称预设目的地方式从事定线运输，指承运人事先设定运输行程的目的地的，按照固定线路为需要到达该目的地的旅客提供出行服务。

五、违反本条的法律后果

违反本条，适用本条例第七十七条予以处罚。

第二十七条 私人小客车提供合乘服务的，应当符合国家和本市的有关规定。

私人小客车通过信息服务平台公司提供合乘服务的，信息服务平台公司应当按照规定向市交通主管部门实时、完整传输合乘出行相关订单信息。

【本条主旨】

本条是关于非营运的私人小客车合乘的规定。

【本条释义】

本条分两款，有两层意思：私人小客车合乘服务提供者应当遵守国家和本市的规定；提供信息服务的平台公司必须按规定向交通主管部门实时、完整传输合乘出行相关订单信息。

一、私人小客车合乘

本条所称私人小客车合乘，习惯上也称为拼车、顺风车，指由合乘服务提供者事先发布出行信息，出行线路相同的人选择乘坐合乘服务提供者的小客车、分摊部分出行成本或者免费互助的共享出行方式。

二、应当符合国家和本市的有关规定

目前，国家规范私人小客车合乘的依据有《国务院办公厅关于深化改革推进出租汽车行业健康发展的指导意见》（国办发〔2016〕58号）。重庆市人民政府办公厅也出台了《关于印发重庆市规范私人小客车合乘出行暂行规定的通知》（渝府办发〔2016〕269号）。该通知的主要内容包括：一是合乘平台提供中心城区或远郊区县的合乘信息服务；二是合乘平台不得在合乘协议达成前提供预先查询合乘者信息的服务，但应为合乘者提供合乘提供者信息的预先查询服务（即平台提供的信息服务中驾驶员不得有选择乘客的机会，而乘客应该有选择驾驶员的机会）；三是合乘出行分摊费用仅限于车辆燃料成本及通行费，车辆燃料成本应按照合乘车辆车型在工业和信息化部登记的综合工况百公里油耗、燃油实时价格、合乘里程计算，通行费应按照合乘路段发生的路、桥通行直接费用据实计算；四是合乘不属于道路运输经营行为，为合乘各方自愿的民事行为，相关权利、义务及安全责任事故等责任由合乘各方依法自行承担。

合乘服务的提供者和提供合乘信息服务的平台公司除遵守本条规定外，还应当遵守上述国家规定和本市的有关规定。

三、平台公司应当传输订单信息

依据本条第二款，平台公司应当按照规定向市交通主管部门实时、完整传输合乘出行相关订单信息。这是一项强制性规范。立法目的在于，加强对私人小汽车合乘的运输行为监管，避免平台公司以提供合乘服务为名，行网络预约出租汽车经营服务之实。

第三节 货运经营

本节说明：本节规定道路货物运输经营活动。与本节所规范事项相关的规定包括《道路货物运输及站场管理规定》（交通运输部令2023年第12号）、《国际道路运输管理规定》（交通运输部令2023年第15号）、《道路危险货物运输管理规定》（交通运输部令2023年第13号）、《放射性物品道路运输管理规定》（交通运输部令2023年第17号）、《超限运输车辆行驶公路管理规定》（交通运输部令2021年第12号）和《网络平台道路货物运输经营管理暂行办法》（交运规〔2019〕12号）等。

第二十八条　货运经营者应当在核定的道路运输业务范围内经营，货运车辆不得超出核定的载质量装运货物。

【本条主旨】

本条是关于货运经营者按核定业务范围经营及禁止超载的规定。

【本条释义】

本条有两层含义：货运经营者必须在交通主管部门核定的经营范围内开展经营活动；禁止货运车辆超载运输。货运经营者有责任监督驾驶员遵守本条规定。

一、货运经营者经营范围

依照《中华人民共和国道路运输条例》的规定，道路货运经营者必须获得交通主管部门颁发的道路运输经营许可证。但是，使用总质量4500千克及以下普通货运车辆从事普通货运经营的，无需取得道路运输《经营许可证》及车辆《道路运输证》。

道路运输经营许可证载明经营者的业务范围，道路货物运输经营行政许可的审批实行分类管理。所谓"货运经营者在核定的道路运输业务范围内经营"，有两层意思：一是经营者应当按照交通主管部门许可的具体经营范围从事相应类别的道路货物运输经营活动，不得超越所许可的范围，如道路货物运输经营许可经营者不得从事道路危险货物运输，许可证载明的经营范围中未记载"放射性物品道路运输"的道路危险货物运输经营者不得从事放射性物品道路运输；二是在道路货物专用运输和道路危险货物运输的经营中，经营者也必须按照许可的具体事项（即细分的具体类别、项别或品名）从事相应的道路货运经营，不得违反相应的具体类别运输的规定，如许可证载明的经营范围中未记载大型物件运输业务的道路货物运输经营者不得从事大型物件运输，许可证载明的经营范围中未记载冷藏保鲜、罐式容器等专用运输的道路货物运输经营者不得从事相应的专用运输经营。

当然，在符合相关要求的情况下，危险货物运输车辆可以运输普通货物，不违反本条规定。《道路危险货物运输管理规定》第三十条规定，不得使用罐式专用车辆或者运输有毒、感染性、腐蚀性危险货物的专用车辆运输普通货物。其他专用车辆可以从事食品、生活用品、药品、医疗器具以外的普通货物运输，但应当由运输企业对专用车辆进行消除危害处理，确保不对普通货物造成污染、损害。不得将危险货物与普通货物混装运输。

二、载质量与禁止超出载质量运输货物

载质量，指按照汽车制造厂的设计标准，经公安交通管理机关核准后，在《机动车行驶证》上注明的有效载人或载货总质量。实际上，载质量也指汽车的总质量与汽车整备质量之间的差额，是一个表明汽车的有效装载能力指标。《中华人民共和国道路交通安全法》《中华人民共和国公路法》和《中华人民共和国道路运输条例》等法律法规均明确规定，严禁车辆超载运输。货运车辆超载运行，会造成车辆机件负荷过重，引起损坏，转向沉重，制动失效，以至发生交通事故。

当然，经营者如果按照国家有关规定办理超限运输手续，获批准后可以进行超限或者大件运输，该行为不属于违法超出核定载质量运输。

第二十九条 从事大型物件运输的，应当具有装载整体大型物件实际能力在二十吨以上的超重型车组，包括牵引车和挂车。

【本条主旨】

本条是关于大件运输装载整体大型物件能力条件的规定。

【本条释义】

依据本条，从事大件运输的经营者应当具有装载能力达到 20 吨以上的超重型车组。

一、超重型车组

超重型车组指牵引车和挂车的组合。前面有驱动能力的车头叫牵引车，后面没有牵引驱动能力的车叫挂车，挂车是被牵引车拖着走的。牵引车和挂车的连接方式有三种：第一种是半挂，挂车的前面一半搭在牵引车后端的鞍座上，牵引车后面的桥承受挂车的一部分重量；第二种是全挂，挂车的前端连在牵引车的后端，牵引车只提供向前的拉力，拖着挂车走，但不承受挂车的向下的重力。全挂车组由一辆货车或牵引车、叉车与一辆或一辆以上挂车组合而成。挂车是指由汽车牵引而本身无动力驱动装置的车辆。载货汽车和牵引汽车为汽车列车的驱动车节，称为主车。第三种是变形牵引，指将半挂车变为全挂车或者将全挂车变为半挂车牵引，牵引拖台是半挂车和全挂车的转换装置。由全挂车牵引架与半挂车牵引座及轴组成全挂式全挂车，兼顾了半挂车牵引和全挂车牵引的优点。

二、装载整体大型物件实际能力的下限

大型物件运输是道路货物运输的一类，是指因货物不可解体而导致车辆车货总体的外廓尺寸或者总质量超过限定标准的运输。《道路货物运输及站场管理规定》第六条明确要求从事大型物件运输经营的，应当具有与所运输大型物件相适应的超重型车组。

交通运输部曾经出台的《关于修订印发〈道路运输管理工作规范〉的通知》（交运便字〔2014〕181号）规定："超重型车组是指运输长度在14米以上或宽度在3.5米以上或高度在3米以上货物的车辆，或者运输质量在20吨以上的单体货物或不可解体的成组（捆）货物的车辆。"本条例参照上述标准，将从事大型物件运输的超重型车组规定为装载能力在20吨以上的车组，即挂车吨位（核载质量）在20吨以上，牵引车则须具有牵引相应挂车车货总重的能力。依据本条，在本市申请从事大型物件运输经营许可的，经营者使用的车辆装载整体大型物件的实际能力应当达到挂车核载质量在20吨以上。

第三十条 未取得危险货物运输许可的，不得承揽危险货物运输业务。危险货物托运人不得将危险货物交给不具备危险货运资格的承运人承运。

运输危险货物的车辆，应当遵守国家有关规定，设置危险货物运输标志，配备必要的应急救援器材及防护用品。

运输有毒、感染性、腐蚀性、放射性危险货物的车辆禁止运输普通货物。

【本条主旨】

本条是关于道路危险货物运输行为的规定。

【本条释义】

本条分三款，有五层意思：一是从事危险货物运输必须经行政许可获得承运资格；二是禁止无危险货运资格者承运危险货物；三是禁止托运人将危险货物交付无经营资格者运输；四是危险货运车辆必须按规定设置危险货运标志，配备救援器材和防护用品；五是禁止将运输有毒、感染性、腐蚀性、放射性危险货物的车辆用于普通货运。

一、禁止无许可资格者承揽业务与禁止托运人委托无资格者承运危险货物

本条第一款包含三层意思：承运人必须取得从事道路危险货物运输许可资格；禁止未取得许可资格的承运人承揽道路危险货物运输业务；禁止托运人委托无许可资格的承运人运送危险货物。

（一）危险货物

依据《道路危险货物运输管理规定》第三条规定，危险货物，指具有爆炸、易燃、毒害、感染、腐蚀等危险特性，在生产、经营、运输、储存、使用和处置中，容易造成人身伤亡、财产损毁或者环境污染而需要特别防护的物质和物品。危险货物以列入国家标准《危险货物品名表》（GB 12268）的为准，未列入《危险货物品名表》的，以有关法律、行政法规的规定或者国务院有关部门公布的名单为准。

（二）道路危险货物运输许可资格

本条所称道路危险货物运输许可包括道路危险货物运输许可和放射性物品道路运输许可。国家对道路危险货物运输和放射性物品道路运输实行分类许可管理。企事业单位依法应当申请并取得相应许可，才能从事道路危险货物运输或放射性物品道路运输活动。

《道路危险货物运输管理规定》对经营性道路危险货物运输和非经营性道路危险货物运输均实行许可管理。该规定第八条对申请经营性道路危险货物运输许可规定了四个方面的条件：①有符合下列要求的专用车辆及设备。②有符合要求的停车场地。③有符合要求的从业人员和安全管理人员。④有健全的安全生产管理制度。第九条对申请非经营性道路危险货物运输许可规定了申请条件：①申请人限于规定的企事业单位。②具备第八条规定的条件，但自有专用车辆（挂车除外）的数量可以少于五辆。

《放射性物品道路运输管理规定》对经营性放射性物品道路运输和非经营性放射性物品道路运输均实行许可管理。该规定第七条规定了申请从事放射性物品道路运输经营许可的条件：①有符合要求的专用车辆和设备。②有符合要求的从业人员。③有健全的安全生产管理制度。第八条规定：生产、销售、使用或者处置放射性物品的单位从事为本单位服务的非经营性放射性物品道路运输活动应当具备以下条件：①持有有关部门依法批准的生产、销售、使用、处置放射性物品的有效证明。②有符合国家规定要求的放射性物品运输容器。③有具备辐射防护与安全防护知识的专业技术人员。④具备满足第七条规定条件的驾驶人员、专用车辆、设备和安全生产管理制度，但专用车辆的数量可以少于五辆。

二、道路危险货物运输车辆须按规定设置标志并配备器材

运输危险货物的车辆，应当遵守国家有关规定，设置危险货物运输标志，配备必要的应急救援器材及防护用品。

（一）国家有关规定

道路危险货物运输规定，指交通运输部《道路危险货物运输管理规定》《危险货物道路运输安全管理办法》《放射性物品道路运输管理规定》《道路运输车辆技术管理规定》《汽车运输危险货物规则》（JT 617）和《道路运输危险货物车辆标志》（GB 13392）等规章和标准。

（二）危险货物运输标志

道路危险货物运输标志，指《道路运输危险货物车辆标志》（GB 13392）规定的标志，主要包括标志灯和标志牌规范。《道路运输危险货物车辆标志》是国家强制性标准。

道路运输危险货物车辆标志是危险货物运输车辆区别于其他车辆的主要标识，在危险货物运输过程中起到了重要的警示及救援参照作用，一旦发生运输安全事故，抢险救灾部门可根据标志提示，迅速确定危险货物的类别、项别，及时、正确地制订抢险方案，将事故危害降到最低程度。

（三）应急救援器材和防护用品

应急救援器材指针对现场的急救用具。防护用品指保护驾驶员、押运员等工作人员身体的用品。

按照国家《危险化学品安全管理条例》第四十五条规定：运输危险化学品，应当根据危险化学品的危险特性采取相应的安全防护措施，并配备必要的防护用品和应急救援器材。相关措施和设备应根据危险货物道路运输企业（单位）所运输危险货物的性质而确定，并且参照"化学品安全技术说明书""化学品安全标签"有关安全要求进行配备。在《危险货物道路运输规则》第七部分运输条件及作业要求中，对车辆随车配备应急救援器材做出多方面的规定。

配备器材或设施设备的清单和依据等材料，应由运输企业（单位）提供给道路运输机构审验。

三、部分危险货物运输车辆禁止运输普通货物

车辆运输有毒、感染性、腐蚀性的危险货物或放射性物品之后，往往遗留有毒、腐蚀性物质或放射性核素。为防止污染或腐蚀普通货物，运输有毒、感染性、腐蚀性危险货物或放射性物品的车辆，不得用于运输普通货物。

第三十一条　货运经营者承运国家规定限运、凭证运输的货物，应当随车携带准运证明或者批准手续。

【本条主旨】

本条规定了限运和凭证运输货物承运人的义务。

【本条释义】

本条为强制性规范，有两层意思：一是国家规定的限运、凭证运输货物，必须凭准运证或批准手续运输；二是货运经营者必须随车携带准运证或批准手续。

一、限运、凭证运输的货物

限运、凭证运输的货物是指根据国家有关法律法规的规定，必须在向有关部门办理准运手续后方可运输的货物，如枪支、烟草、麻醉药品、剧毒化学品、野生动物、放射性物品、食盐等。运送法律规定限制运输的货物,货主无论是采用托运方式还是自运方式,都应当持有相关的准予运输的凭证或批文。因此,限运货物,实质上即持有凭证才能运输的货物。

目前,凭证运输的法律、法规依据有:《中华人民共和国枪支管理法》第三十条;《中华人民共和国烟草专卖法》第二十一条;《中华人民共和国野生动物保护法》第三十四条;《麻醉药品和精神药品管理条例》第五十二条;《危险化学品安全管理条例》第六条;《放射性物品运输安全管理条例》第三十四条等。上述法条分别规定,运输枪支、烟草、野生动物、麻醉药品、危险化学品和放射性物品应当办理准运证件或批准手续。

值得注意的是,凭证运输货物的具体类别因有关法律法规的修订而不断发生变动。例如,2019 年修订的《中华人民共和国森林法》和2017 年修订的《食盐专营办法》(行政法规),已经取消了木材和食盐凭证运输管理制度。

二、准运证明或者批准手续

本条所称"准运证明或者批准手续",指依照有关法律法规,由有关部门核发的允许托运或自运的凭证。有关部门核发的准运凭证或采用"准运证"的形式,或采用"运输许可证"的形式,或采用"运输通行证"的形式,或采用批准文书的形式。无论采用何种形式,均属于本条所规定的"准运证明或者批准手续"。

三、限运、凭证运输货物的承运人义务

限运货物,即持有凭证才能运输的货物。依据有关法律、法规,禁止承运无准运凭证的限运货物。本条从道路运输经营管理的实际出发,将有关法律规定的承运人义务具体化。

为严格执行有关限运、凭证运输制度,道路货运经营者受理限运货物托运时,应当坚持以下做法:先查验准运凭证,后办理承运手续;无准运凭证,一律拒绝承运。

依据本条,承运人应当随车携带准运凭证或批准手续。

四、违反本条的法律后果

违反有关法律法规的规定，承运人在托运人无准运凭证或手续不齐全的情形下承运限运、凭证运输货物的，应承担相应的法律责任。

第三十二条 鼓励发展网络平台道路货物运输，促进物流资源集约整合、高效利用。从事网络平台道路货物运输经营，应当遵守国家有关规定。

【本条主旨】

本条是关于网络平台道路货物运输经营的规定。

【本条释义】

本条有两层意思：一是鼓励发展网络平台道路货物运输经营；二是要求网络平台道路货物运输经营者遵守国家有关规定。

一、鼓励发展网络平台货物运输

网络平台货运经营是近年来兴起的道路货运新模式、新业态，对整合物流资源，提升货运效率有积极意义。因此，本条鼓励经营者从事网络平台道路货物运输业务。

本条所称的网络平台道路货物运输经营，指经营者依托互联网平台整合配置运输资源，以承运人身份与托运人签订运输合同，委托实际承运人完成道路货物运输，由经营者承担承运人责任的道路货物运输经营活动。网络平台道路货物运输经营不是道路货物运输的中介行为，网络平台道路货物运输经营者也不是道路货物运输的中介人，因此，网络平台道路货物运输经营不包括仅为托运人和实际承运人提供信息中介和交易撮合等服务的行为。网络平台道路货运经营，属于道路货物运输经营的范畴，依法实行道路运输经营许可管理。网络平台货运经营中的实际承运人，是指接受网络平台货运经营者委托，使用符合条件的载货汽车和驾驶员，实际从事道路货物运输的经营者。在网络平台道路货物运输经营者、托运人（货主或货主委托的人）与实际承运人三方当事人之间，网络平台道路货物运输经营者为承运人，依据运输合同对托运人负责，实际承运人依据委托合同，对网络平台道路货物运输经营者负责。

二、要求经营者遵守国家有关规定

按照《网络平台道路货物运输经营管理暂行办法》第六条的规定，从事网络平台货运经营的，应当按照《中华人民共和国道路运输条例》及《道路货运运输及站场管理规定》，以"网络货运"为经营范围，申请道路运输经营许可证。

本条所称国家有关规定，既包括《中华人民共和国道路运输条例》《网络平台道路货物运输经营管理暂行办法》和《道路货物运输及站场管理规定》等相关运输管理规定；又包括《电子商务法》《税收征收管理法实施细则》等有关电子商务法律及税务管理规范。

第三章　道路运输相关业务

本章说明：道路运输经营相关业务，指与道路客运、出租汽车客运、道路货运业务紧密关联且服务于道路运输经营活动的营业行为，包括道路运输站（场）经营、机动车维修经营、机动车驾驶员培训经营和汽车租赁经营。本章分为四节，依次规定道路运输经营相关业务。

第一节　道路运输站（场）

本节说明：本节规定道路运输站（场），包括道路客运站和道路货运站（场）经营活动。本节涉及的相关规定包括《道路旅客运输及客运站管理规定》（交通运输部令2023年第18号）和《道路货物运输及站场管理规定》（交通运输部令2023年第12号）等。

第三十三条　道路旅客运输站应当公平合理安排客运班车的发班时间和班次，平等对待进站发班的客运经营者。因发班方式或者发班时间发生争议，应当协商解决；协商不成的，可以向交通主管部门申请行政裁决。

道路旅客运输站不得允许未经核定进站的车辆进站从事

经营活动。

【本条主旨】

本条规定了道路旅客运输站经营者的义务。

【本条释义】

本条分两款，有三层含义：客运站经营者负有平等对待进站的班线客运经营者的义务；交通主管部门对发班方式或者发班时间的争议依据申请进行行政裁决；禁止客运站经营者允许未经核定进站的车辆进站经营。

一、客运站安排发班及争议处理

依据本条第一款，客运站在安排发班时间和班次方面应当平等对待班线客运经营者；如果发生争议，且各方无法协商一致的，可以向交通主管部门申请行政裁决。

（一）平等对待进站发班的客运经营者

道路旅客运输站虽然是企业，但是具有安排客运班车发班时间和班次的管理职能。依据本条，客运站经营者必须平等对待所有经核定进站的班线客运经营者。这一规范的立法目的在于，保障进站的班线客运经营者获得公平竞争机会，维护公平竞争的市场秩序。

本条所称"平等"，指客运站经营者在为进站的班线客运提供发班班次、时间、售票等服务时，应当给予所有经营者公平、合理的待遇，不得厚此薄彼。

（二）行政裁决的程序性规范

依据本条，对于道路客运经营者不能自行协商解决的发班争议，交通主管部门应当依据当事人的申请作出行政裁决。

《重庆市客运经营者发车时间安排纠纷行政裁决工作规程》第六条规定："申请人申请行政裁决，应当提交下列材料：①《行政裁决申请书》，由申请人法定代表人或委托代理人签名并加盖申请人公章，载明申请人和被申请人的名称、住址、法定代表人等基本情况、申请行政裁决事项及请求、事实及理由等内容。②申请人营业执照及申请人法定代表人的身份证明材料，委托代理人的，还应当提交《授权委托书》和被委托人身份证明材料。③客运车辆发班方式和发班时间证明材料。④申请人与被申请人的协商记录（注明未达成协议的原因）。⑤依法应当提交的其他材料。"交通主管部门收到行政裁决申请后应当对申请材料进行审查，资料齐全、符合受理条件的，应当在收到申请之日起五日内向申请人出具《行政裁决受理通知书》。五日内向被申请人送达申请书副本及答辩通知书。被申请人应当在收到申请书副本及答辩通知书之日起十日内向交通主管部门提交答辩状和有关证明材料。交通主管部门应当在收到答辩状之日起五日内，将答辩状副本送达申请人。交通主管部门应当对相关材料的合法性、真实性进行调查。调查应当由两名以上行政执法人员进行。交通主管部门应当充分听取双方当事人的意见，对提出的事实、理由和证据进行审查。

行政裁决可以书面审理，也可以根据需要公开审理。公开审理行政裁决案件应当遵循下列程序：①核实双方当事人及其代理人身份和授权权限。②宣布审理纪律要求，告知双方当事人在审理中的权利和义务。③申请人陈述。④被申请人答辩。⑤双方当事人举证、质证、辩论。⑥双方当事人最后陈述。经双方当事人同意，行政裁决机关可以组织调解。经调解，双方当事人达成一致意见的，行政裁决机关应当制作调解书，调解书经双方当事人签字认可，即产生法律效力。当事人不同意调解或者经调解达不成一致意见的，行政裁决机关应当依法出具《行政裁决决定书》，并于七日内送达双方当事人。

（三）行政裁决的依据和方式

按照2018年12月31日中共中央办公厅、国务院办公厅联合发布的《关于健全行政裁决制度加强行政裁决工作的意见》（以下简称《意见》）的规定，行政裁决权的行使必须有法律法规的明确规定为依据。因此，市、区县（自治县）交通主管部门应当以本条为处理发班争议的直接依据，行使行政裁决权，作出具体裁决。

关于裁决方式。《意见》要求：不断创新工作方式，依法承担行政裁决职责的行政机关，要勇于探索、创新，逐步提高新时代行政裁决工作的适应性和灵活性；要大力推广现代信息技术在行政裁决工作中的运用，积极推进行政裁决在线立案、在线办理、信息共享、数据分析等，努力适应人民群众便捷、高效化解矛盾纠纷的需要。

按照《意见》的要求，行政机关裁决民事纠纷应当先行调解，当事人经调解达成协议的，由行政机关制作调解协议书；调解不能达成协议的，行政机关应当及时作出裁决。

二、禁止未经核定进站的车辆进站经营

依据本条第二款，客运站应当拒绝未经查验或经查验不合格的车辆进站经营。

本条所称未经核定进站的车辆，指客运站未按照规定进行查验或经查验不合格的车辆。按照规定，查验的内容包括：车辆是否已取得《道路运输证》；经营者是否已取得班车客运线路经营权；经营者是否已按规定对车辆进行安全技术检查和常规保养等。

不合格的车辆包括三种类型：无《道路运输证》的车辆；无班线经营权的经营者的车辆；未按照规定进行安全技术检查和常规保养的车辆。发现客运站实施本条禁止行为的，执法机构应当予以处罚。

三、违反本条的法律后果

违反本条第二款，适用本条例第七十八条予以处罚。

第三十四条　道路旅客运输站向进站经营的客运经营者收取服务费，应当经发展改革部门会同交通主管部门批准。道路旅客运输站的服务收费项目、收费标准及批准文件应当在经营场所公示。

【本条主旨】

本条是关于道路旅客运输站经营者的收费行为的规定。

【本条释义】

本条有三层意思：客运站收费标准制定和批准机关是发展改革部门和交通主管部门；客运站经营者必须依照批准的标准收费，不得违规收费；客运站经营者必须在自己的经营场所公示收费项目、标准和批文。

目前，在国家层面，原交通部、国家计划委员会《汽车客运站收费规则》（交公路发〔1996〕263号）仍是有效的规范。本市的客运站收费管理规范主要是《重庆市汽车客运站收费规则实施细则》。

违反本条，适用本条例第七十八条予以处罚。

第三十五条 道路货物运输站（场）经营者应当公平对待进入站（场）经营货物运输、货物运输相关业务的经营者，不得垄断经营、欺行霸市，发现违法经营行为，应当及时报告。

【本条主旨】

本条规定了道路货运站（场）经营者的义务。

【本条释义】

本条包括强制性规范和禁止性规范，有三层意思：货运站经营者必须公平对待进站经营者；禁止货运站经营者垄断经营、欺行霸市；货运站经营者必须及时报告违法经营行为。

所谓"公平对待"，简单地说，指一视同仁地办事，不得厚此薄彼。具体来说，对符合规定条件的货运经营者及货运相关业务经营者使用站（场），货运站经营者必须予以公平对待，不得无故拒绝。这一规定保护了货运经营者和货运运输相关业务经营者（包括仓储、搬运、装卸等经营者）进站经营的权利。

所谓不得垄断经营、欺行霸市，指要求道路货物运输站（场）经营者不得利用市场地位排除、限制竞争，不得以低于运营成本的价格争夺货源。这一规定有利于维护公平有序的道路货物运输站（场）秩序。

依据本条规定，道路货物运输站（场）负有报告违法经营行为的义务。具体来说，道路货物运输站（场）一旦发现进站经营者存在违法经营行为，应当及时报告有关部门。本条所称"违法经营行为"，指违反道路运输相关法律、法规、规章的经营行为，主要包括以下情形：依法实行许可经营而未取得许可证的；依法实行备案管理而未办理备案的；依法应持有《道路运输证》而未取得《道路运输证》的或持有无效的证件的；使用非法改装车辆从事运输经营；超载运输等。这一规定有利于及时发现并处置违法行为，保障道路货物运输安全，也有利于促进道路运输行业健康发展。

货运站和客运站、网络平台一样，具有一定的公共管理职能。构建现代治理体系，需要注意到一部分企业社会管理功能特点，既要发挥其作用，又要加强监管以免其利用优势地位谋取不当利益。

值得注意的是，《国务院关于取消和下放一批行政许可事项的决定》

（国发〔2019〕6号）和《重庆市人民政府办公厅关于印发重庆市降低制造业企业成本若干政策措施的通知》（渝府办发〔2018〕155号）取消了货运站场经营许可。根据2022年3月29日《国务院关于修改和废止部分行政法规的决定》（国务院令第752号）第四次修订的《中华人民共和国道路运输条例》第三十九条第二款的规定，货运站场经营调整为备案管理。

第三十六条　道路运输机构应当指导道路货物运输站（场）经营者建立货物运输信息系统，为承运、托运双方的道路货物运输活动提供方便、快捷、安全的服务。

【本条主旨】

本条规定了道路运输机构指导货运站建立信息系统的职责。

【本条释义】

本条规定了道路运输机构在货运站建立货物运输信息系统工作上的指导职责，同时也指出构建货运信息系统的目的。

本条所称指导，指道路运输机构在职权范围内，为实现所期待的状态、秩序，以建议、劝告等非强制措施要求有关当事人作为或不作为的活动。指导的特点在于，只要取得相对人的同意即可形成所期望的状态、秩序，而无须使用权力手段。指导可以消除相对人的抵触，确保管理得以顺利、切实地进行；相对人往往也期望得到行政指导以趋利避害。

信息技术正全面深入社会各个行业，"互联网＋"已经成为现实和趋势。提供信息服务是道路货物运输站（场）的功能之一。传统的道路货物运输站（场）主要通过"小黑板"、打电话等方式提供货源信息和货车司机，货源的不确定性和司机位置的不固定性决定了绝大多数交易只能在货运站（场）随机达成，这种模式原始而低效。为获取更多有效信息，提高车货匹配效率，适应现代物流发展需要，鼓励引导货运站场通过信息化方式将线下的"小黑板"汇聚为线上的"大黑板"，解决车货交易信息的不对称，为承运人和托运人双方开展更便利、更高效、更安全的货运经营活动提供保障。

第三十七条　货运配载服务经营者应当及时、真实、准确地向货主或者车主双方提供货源、运力信息，不得违规为无营运证件的车辆配载货物。

【本条主旨】

本条规定了货运配载服务经营者的义务。

【本条释义】

本条有两层含义：一是要求货运配载服务经营者必须提供及时、真实、准确的信息；二是禁止货运配载服务经营者为无营运证件的车辆配载货物。

一、对经营者提供服务的要求

货运配载服务，是一种道路运输中介活动，指托运人与承运人之间货运交易的媒介活动。货运配载服务提供方与需求方之间通过中介合同进行交易。按照《中华人民共和国民法典》第九百六十一条规定，中介合同是中介人向委托人报告订立合同的机会或者提供订立合同的媒介服务，委托人支付报酬的合同。

本条所称的货运配载服务，指货运站经营者和货代企业为托运人（有托运需求的企业或个人）提供适宜的运力信息（承运供给）和为货运经营者寻找适宜的货源信息（托运需求）。只有货源、运力信息及时、真实、准确，才能促成承运人和托运人之间的交易，实现物流运输的高效便捷，而滞后、虚假、错误的货源、运力信息，将贻误运输时机，造成托运人（通常多为货主）、承运人（包括车主）的经济损失。因此，本条要求货运配载服务经营者应当及时、真实、准确地向货主或者车主双方提供货源、运力信息，是对《中华人民共和国民法典》第九百六十二条所规定的中介人承担向委托人如实报告义务的具体化，也是本条例第三条第二款规定的经营者"诚实守信"原则的具体化。立法目的在于保护中介合同中委托人一方的合法权益。

二、禁止为无营运证件的车辆提供配载货物

无营运证件，包括以下情形：在依法实行许可经营的情形下，经营者未取得许可证的道路运输经营的；在依法须持有车辆《道路运输证》才能从事运输经营的情形下，经营者无《道路运输证》而从事道路运输经营的；经营者虽持有车辆《道路运输证》但承运的货物类型超越了经营者被核定的经营范围的；经营者持过期、失效营运证件从事运输经营等。例如，在交通主管部门核定的经营范围未记载大型物件运输的情形下，经营者如果从事大型物件运输经营活动，即属于超越经营者被核定的经营范围的情形。

依据本条，货运配载服务经营者不得将货物交由无营运证件的车辆运输。

第二节 机动车维修

本节说明：本节规定机动车维修经营活动。与本节所规范事项相关的规定包括《机动车维修管理规定》（交通运输部令 2023 年第 14 号）、《汽车维修质量纠纷调解办法》（交通部交公路发〔1998〕349 号）、《道路运输车辆技术管理规定》（交通运输部令 2023 年第 3 号）等。

第三十八条 机动车维修经营者应当在维修经营地悬挂机动车维修标志牌，公示主修车型的维修工时定额、维修工时单价、维修配件单价和投诉举报电话等信息，合理收费。

【本条主旨】

本条规定了机动车维修经营者的义务。

【本条释义】

本条有三层意思：一是机动车维修经营者应当悬挂维修标志牌；二是经营者应当公示收费和投诉等信息；三是经营者收费应当合理。

一、悬挂机动车维修标志牌

机动车维修标志牌，指标明机动车维修经营者经营类别、范围等内容的标志牌。机动车维修标志牌载明的内容应当与备案经营项目相一致，经营者不得虚构内容，误导车主。《机动车维修管理规定》第二十一条规定："机动车维修经营者应当将《机动车维修标志牌》悬挂在经营场所的醒目位置。机动车维修标志牌由机动车维修经营者按照统一式样和要求自行制作。"

二、公示收费标准和投诉等信息

维修工时定额、维修工时单价和维修配件单价，是经营者计算收费的依据，也是接受服务一方行使服务选择权的依据。本条要求经营者公示主修车型的维修工时定额、维修工时单价、维修配件单价，实质上就是要求经营者对其提供的服务"明码标价"。目的在于保护接受服务一方的知情权和选择权。

本条要求经营者公示投诉举报电话，目的在于保障接受服务的一方获得维权的信息。

三、合理收费

合理收费，是经营者依法经营、诚实守信的必然要求。所谓合理的收费，指按照服务所在地市场交易价格，综合考量工时定额、工时单价、配件单价等因素而为交易双方可以接受的收费。合理的具体标准虽然难以简单而清晰地界定，但依据本条，经营者在公示的单价外擅自加价收费、虚构服务事项而收费、配件以次充好收费等违背公平、诚信的行为，显然违反本条规定的合理收费义务。

第三十九条　机动车维修经营者应当建立机动车维修档案，并实行档案电子化管理。机动车托修方有权查阅车辆维修档案。

对机动车进行二级维护、总成修理、整车修理维修竣工的，应当进行维修竣工质量检验。对检验合格的车辆，质量检验人员应当签发机动车维修竣工出厂合格证。

【本条主旨】

本条是关于机动车维修档案和维修竣工检验的规定。

【本条释义】

本条分两款，有四层意思：经营者有建立机动车维修档案的义务；托修方有车辆维修档案查阅权；经营者对机动车二级维护、总成修理、整车修理维修有实施竣工质量检验的义务；检验人员有出具维修竣工出厂合格证的义务。

一、经营者的建档义务和托修方的查阅权

机动车维修档案，包括维修合同（托修单）、维修项目、维修人员及维修结算清单等。对机动车进行二级维护、总成修理、整车修理的，维修档案还应当包括质量检验单、质量检验人员、竣工出厂合格证（副本）等。按照《机动车维修管理规定》第三十三条的规定，机动车维修经营者应当按照规定如实填报、及时上传承修机动车的维修电子数据记录至国家有关汽车维修电子健康档案系统；机动车生产厂家或者第三方开发、提供机动车维修服务管理系统的，应当向汽车维修电子健康档案系统开放相应数据接口。

依据本条，经营者对其维修的机动车，负有建立车辆维修电子档案的义务。电子档案有利于档案信息的利用和管理。

本条也赋予机动车托修方以查阅权。托修方可以要求维修经营者提供其机动车维修档案的查阅服务，经营者不得拒绝。

二、经营者的竣工质量检验义务和签发合格证义务

《道路运输车辆技术管理规定》第十六条规定："道路运输经营者应当建立车辆维护制度。车辆维护分为日常维护、一级维护和二级维护。日常维护由驾驶员实施，一级维护和二级维护由道路运输经营者组织实施，并做好记录。"依照《车辆维护检测诊断技术规范》规定，日常维护以清洁、补给和安全检测视为作业中心内容，由驾驶员负责执行车辆的维护作业。一级维护除日常维护作业外，以润滑、紧固为作业中心内容，并检查有关制度、操纵等安全事项，由维修企业负责执行车辆维护。

二级维护，指除一级维护作业外，以检查、调整转向节、转向摇臂、制动蹄片、悬架等经过一定时间的使用容易磨损或变形的安全部件为主，并拆检轮胎，进行轮胎换位，检查调整发动机工作状况和排气污染控制装置等，由维修企业负责执行的车辆维护作业。

汽车的总成修理，是对发动机、变速器、转向器、前桥、后桥、车身六大总成的修理。

总成修理包括以下五项：①发动机维修。②转向器修理。转向器俗称方向机，是汽车用于转向功能的最重要的零件。③变速器修理。

变速器是用来改变来自发动机的转速和转矩的机构，它能固定或分档改变输出轴和输入轴传动比，又称变速箱。④前后桥修理。前桥后桥就是指前后轮轴的部分，前桥包括避震弹簧，转向器，平衡轴等，后桥还包括驱动轴，传动齿轮等。多轴货车后部还分驱动后桥和无驱后桥，无驱后桥就是没有传动轴连接，不属于驱动轮的部分，一般是3轴以上的重卡和牵引车头才有。⑤车架修理。车架也称大梁。汽车的基体，一般由两根纵梁和几根横梁组成，经由悬挂装置、前桥、后桥支承在车轮上。具有足够的强度和刚度以承受汽车的载荷和从车轮传来的冲击。

整车修理，按照《汽车维修业开业条件》（GB/T 16739）的规定，指对所维修车型的整车、各个总成及主要零部件进行各级维护、修理及更换，使汽车的技术状况和运行性能完全、或接近完全恢复到原车的技术要求，并符合相应国家标准和行业标准规定的修理。

合格证，是汽车维修经营者作为专业机构签发的证明。虽然合格证由经营者的检验人员签发，但汽车维修经营者须对合格证的正确性和合法性承担责任。托修方有权要求维修经营者对其维修合格的车辆签发合格证。

第四十条　机动车维修经营者不得有下列行为：

（一）承修无号牌的机动车；

（二）进行假冒巡游出租汽车喷涂、改装、维修作业；

（三）超备案经营范围维修机动车；

（四）擅自更换托修机动车上完好部件；

（五）擅自扩大托修机动车维修范围；

（六）法律、法规、规章规定的其他禁止行为。

【本条主旨】

本条是关于机动车维修经营者禁止行为的规定。

【本条释义】

本条为强制性规范，列举了五项具体的禁止性规范和一项概括性规范。包括：禁止维修无车牌车辆；禁止开展假冒巡游出租汽车喷涂、改装和维修作业；禁止超越备案经营范围维修；禁止擅自更换完好部件；禁止擅自扩大维修范围；禁止实施法律、法规和规章所禁止的其他维修行为。

一、承修无号牌的机动车

号牌，指公安交通车管机构对车辆登记申请人提交的材料进行审查并确认合法后颁发的车牌。依据我国《中华人民共和国道路交通安全法》和公安部《机动车登记规定》的规定，机动车必须悬挂号牌（含临时行驶车号牌）后才能在道路上行驶。无号牌的机动车意味着该机动车尚未经公安机关交通管理机构登记或依法不能办理登记。

机动车维修经营者承修机动车时，应查看报修的车辆有无号牌。一般情况下，无号牌机动车有很大可能是已经达到报废标准或者虽然没达到报废标准，但发动机和底盘等重要部件严重损坏，不符合国家机动车安全技术条件和污染物排放标准，不能保证安全行驶的机动车。

二、进行假冒巡游出租汽车喷涂、改装、维修作业

本条所称假冒巡游出租汽车，指非巡游出租汽车通过喷涂车身颜色、安装空车标志、计价器等营运设施设备等方式冒充巡游出租汽车。

本条例第十七条明确规定，巡游出租汽车以外的其他车辆不得设置与巡游出租汽车相同或者相似的车辆外观标识，不得喷涂专用或者相类似的巡游出租汽车车体颜色、图案，不得安装、使用专用或者相类似的巡游出租汽车标志顶灯、计价器、空车标志、车载智能终端等易与巡游出租汽车相混淆的营运标识或者设施设备。根据上述规定，开展假冒巡游出租喷涂、改装、维修作业是违法行为。

三、超备案范围维修

本条所称超备案范围维修，指经营者超越所在地交通主管部门备案的经营范围，实施机动车维修。

《机动车维修管理规定》第八条规定："机动车维修经营依据维修车型种类、服务能力和经营项目实行分类备案。"根据维修车型种类的不同，机动车维修经营业务分为四类：汽车维修经营业务、危险货物运输车辆维修经营业务、摩托车维修经营业务和其他机动车维修经营业务。根据经营项目和服务能力的不同，汽车维修经营业务分为三类：

一类维修经营业务、二类维修经营业务、三类维修经营业务。

按照该规章规定，机动车维修经营者应当根据自身技术条件、经营规模在市场监督管理部门办理登记手续后，向所在地县级道路运输机构进行备案，并在相应的备案范围内进行经营。

本条禁止经营者超备案经营范围维修机动车。如果超备案经营范围维修机动车，有可能会因自身技术能力欠缺而无法在保证维修品质的前提下完成机动车维修，不仅给后续使用留下安全隐患，还会扰乱机动车维修经营市场秩序，影响机动车维修行业整体素质，不利于机动车维修行业健康发展。

四、擅自更换托修机动车上完好部件

擅自更换托修机动车上完好部件，指经营者未取得托修方同意，自作主张更换无故障汽车配件，并要求托修方支付相应费用的行为。

需要注意的是，机动车上的完好部件并非不能更换。如果托修方同意，经营者更换完好的部件也是合法的。本条所称"擅自"，指经营者未取得托修方同意。本项禁止行为的实质是，禁止未经托修方同意的过度维修。

五、擅自扩大托修机动车维修范围

擅自扩大托修机动车维修范围，指经营者未经托修方同意，在与托修方协商一致确认的维修范围外进行作业，并要求托修方支付相应费用的行为。经营者向托修方提供机动车维修服务是市场交易行为，经营者提供的需付费的具体服务事项应该由交易双方协商一致予以确认。本条禁止行为的实质是，禁止强迫交易。

六、违反本条的法律后果

违反本条第一至第五项中任何一项的，应当适用本条例第七十九条予以处罚。

第三节　机动车驾驶员培训

本节说明：本节规定机动车驾驶员培训经营活动。本节涉及的相关规定包括《机动车驾驶员培训管理规定》（交通运输部令2022

年第 32 号）、《道路运输从业人员管理规定》（交通运输部令 2022 年第 38 号）、《重庆市道路运输驾驶员管理办法》（重庆市人民政府令第 249 号）等。

第四十一条　机动车驾驶员培训机构应当按照规定范围开展培训业务，并按照国家统一的教学大纲进行教学。

鼓励建立学员缴费第三方监管平台，按照教学进度由平台向培训机构支付费用。

【本条主旨】

本条是关于机动车驾驶员培训机构开展培训活动和收费的规定。

【本条释义】

本条分两款，有两层意思：培训机构须依据规定的范围培训，并按照教学大纲教学；鼓励建立学员缴费第三方平台。

一、依据规定的范围培训和按纲教学

本条例所称的"规定范围"，包括按照备案所属的类型开展业务，以及在备案机构管辖区内开展业务。其中，机动车驾驶员培训包括普通机动车驾驶员培训、道路运输驾驶员从业资格培训。普通机动车驾驶员培训分为一级普通机动车驾驶员培训、二级普通机动车驾驶员培训和三级普通机动车驾驶员培训三类。道路运输驾驶员从业资格培训根据培训内容分为道路客货运驾驶员从业资格培训和危险货物运输驾驶员从业资格培训两类。

本条中的"教学大纲"指交通运输部颁发的《机动车驾驶员培训教学大纲》《道路旅客运输驾驶员从业资格培训教学大纲》《道路货物运输驾驶员从业资格培训教学大纲》和《道路危险货物运输从业人员培训教学大纲》等。

二、学员缴费第三方监管平台

目前，重庆市的机动车驾驶员培训收费一般实行一次性付款，且大多在报名时即支付。在过往的培训纠纷和争议中，有学员投诉指出，培训机构在收费前对待学员很热情，但在一次性收取全部培训费后，培训进度不符合预期或报名时的约定，有车有教练就学，无空置的车辆或到岗的教练就只有等待，不仅耽误学员自身的学习计划，同时也影响培训的连续性和效果。如果学员要求退费，往往比较困难或容易发生纠纷。从培训合同双方的利益分配和风险负担上看，如果规定让学员分期支付学费，培训机构需要承担不诚信学员的欠费风险；如果让学员一次性向培训机构支付学费，则学员需要承担不诚信培训机构"坑人"培训的风险。这两种付费培训的方式均难以达成双方之间的利益均衡。

考虑到学员较培训机构相对弱势，为避免培训机构收取学费后不提供培训服务或者服务质量不合格，有必要引入第三方监管平台代管学员学费，由其依照培训服务情况向培训机构支付学费，建立新的监督机制。引入第三方监管平台，作为维护学员在接受驾驶培训过程中的合法权益的措施，赋予学员在驾驶培训过程中的选择权，同时有利于促进驾驶培训机构提高培训质量和服务水平。

建立学员缴费第三方监管平台，以《机动车驾驶员培训管理规定》的有关规定为参考，以更好地保护学员的合法权益为宗旨。该规定第二十九条规定："机动车驾驶员培训实行学时制，按照学时合理收取费用。鼓励机动车驾驶员培训机构提供计时培训计时收费、先培训后付费服务模式。对每个学员理论培训时间每天不得超过6个学时，实际操作培训时间每天不得超过4个学时。"

第四十二条　机动车驾驶员培训机构应当使用符合国家和本市技术要求的计算机计时培训管理系统，做好培训记录，接入交通主管部门驾驶培训行业监管平台。

培训结业的，机动车驾驶员培训机构应当向参加培训的人员颁发培训结业证书。

【本条主旨】

本条是关于培训机构使用计时培训管理系统和颁发结业证的规定。

【本条释义】

本条分为两款，有两层意思：培训机构必须使用计算机计时培训管理系统并接入监管平台；培训机构应当向培训人员颁发结业证。

一、计时培训管理系统与接入监管平台

计算机计时培训管理系统，指用于监管机动车驾驶员培训机构培训次数和时间的信息系统。依照本条规定，只有"符合国家和本市技术要求"的系统，培训机构才可使用。

接入监管平台，指接入驾驶培训行业监管平台。通过接入监管平台，实现对培训机构的综合管理，实现了驾培机构学时记录及教学监管，衔接考试业务流程，保证驾培企业的培训质量，维护正规驾培企业和学员的合法权益，实现整个驾驶培训行业规范化、信息化的管理。

2015年，国务院办公厅转发公安部交通运输部《关于推进机动车驾驶人培训考试制度改革意见的通知》（国办发〔2015〕88号）。该通知明确要求："健全驾驶培训监督机制。推广使用全国统一标准的计算机计时培训管理系统，建立省级驾驶培训机构监管平台，强化对培训过程动态监管，督促落实培训内容和学时，确保培训信息真实有效。推进驾驶培训机构监管平台与考试系统联网对接，实现驾驶培训与考试信息共享，确保培训与考试有效衔接。"

二、培训机构颁发结业证书

国务院办公厅转发公安部交通运输部《关于推进机动车驾驶人培训考试制度改革意见的通知》要求："驾驶培训机构应严格按照国家标准和规定配备教练车、教练员和教学设施，严格按照培训大纲规定的学时和内容进行培训，确保培训质量。培训结业的，驾驶培训机构应当向学员颁发结业证书。"

除了国家推进驾驶人培训考试制度改革的政策要求外，《机动车驾驶员培训管理规定》也要求培训机构承担向培训学员颁发结业证书的义务。该规章第三十二条规定："机动车驾驶员培训机构应当按照全国统一的教学大纲内容和学时要求，制定教学计划，开展培训教学活动。培训教学活动结束后，机动车驾驶员培训机构应当组织学员结业考核，向考核合格的学员颁发《机动车驾驶员培训结业证书》（以下简称《结业证书》，式样见附件4）。《结业证书》由省级交通运输主管部门按照全国统一式样监制并编号。"

三、违反本条的法律后果

违反本条，适用本条例第八十条予以处罚。

第四十三条　机动车驾驶员培训机构不得有下列行为：

（一）在未经核定的场所开展培训；

（二）使用非教练车辆开展培训；

（三）对学员培训学时或者里程弄虚作假；

（四）其他违反法律、法规、规章规定的行为。

【本条主旨】

本条是关于机动车驾驶员培训机构的经营行为的规定。

【本条释义】

本条列举培训机构应遵守的三项具体行为规范和一项概括性规定。三项具体行为规范包括禁止培训机构使用未经核定的场所培训、禁止培训机构使用非教练车培训、禁止培训作假。

一、禁止培训机构使用未经核定的场所培训

培训场所，需符合《机动车驾驶员培训教练场技术要求》（GB/T 30341）和《机动车驾驶员培训机构资格条件》（GB/T 30340）的规定。本条例实施后，机动车驾驶员培训经营由许可改为备案管理，教练场地由许可事项变为备案事项，以保障安全生产责任的落实。

本条所称的核定场所，指机动车培训机构向道路运输机构申请备案并被登记在册的教练场或驾校经营、驾校配套的教学场所。依据本市公安机关与交通主管部门之间的职责分工，路训场地由公安机关核定和监管。因此，培训机构向道路运输机构申请备案的教学场所不含路训场地。

二、禁止使用非教练车培训

教练车，根据《机动车驾驶员培训机构资格条件　第1部分：汽车整车维修企业》，被划分为九类，包括大型客车、通用货车半挂车(牵引车)、城市公交车、中型客车、大型货车、小型汽车（含小型自动挡汽车）、低速汽车（含低速载货汽车、三轮汽车）、摩托车（含三轮摩托车、二轮摩托车、轻便摩托车）、其他车型（含轮式自行机械车、无轨电车、有轨电车）等。

《机动车驾驶员培训管理规定》第三十四条规定："机动车驾驶员培训机构应当使用符合标准并取得牌证、具有统一标识的教学车辆。"因此，用于培训的教练车应当是已经取得教练牌证且喷印了统一教学车辆标识的机动车，非教练车不得用于教学培训。

三、禁止培训作假

依据本条第三项的规定，培训学时与里程作假是违法行为。机动车驾驶员培训机构要按照国家统一的机动车驾驶培训教学大纲完成规定的各车型培训内容、学时和训练最低里程。培训是否达到最低限度的学时和里程是保证培训质量的前提条件。该禁止性规范的立法目的是：保障学员的合法权益；保障培训质量，预防道路交通事故的发生。

四、违反本条的法律后果

违反本条，适用本条例第八十条予以处罚。

第四十四条 机动车驾驶培训教练员不得有下列行为：

（一）酒后教学；

（二）在教学期间擅自离岗；

（三）其他违反法律、法规、规章规定的行为。

【本条主旨】

本条是关于教练员禁止行为的规定。

【本条释义】

本条列举教练员应遵守的两项禁止性规范和一项概括性规定。具体禁止性规范包括：禁止教练员酒后教学；禁止教练员擅自离岗。本条所称擅自，指未经培训机构同意。

本条所称"其他违反法律、法规、规章规定的行为"，指法律、法规和规章规定的除禁止酒后教学和擅自离岗外的禁止性行为。如交通运输部出台的《机动车驾驶员培训管理规定》第二十条规定："教练员应当按照统一的教学大纲规范施教，并如实填写《教学日志》和《机动车驾驶员培训记录》（以下简称《培训记录》，式样见附件2）。在教学过程中，教练员不得将教学车辆交给与教学无关人员驾驶。"第五十一条规定："违反本规定，教练员有下列情形之一的，由交通运输主管部门责令限期整改；逾期整改不合格的，予以通报批评：①未按全国统一的教学大纲进行教学的。②填写《教学日志》《培训记录》弄虚作假的。③教学过程中有道路交通安全违法行为或者造成交通事故的。④存在索取、收受学员财物或者谋取其他利益等不良行为的。⑤未按规定参加岗前培训或者再教育的。⑥在教学过程中将教学车辆交给与教学无关人员驾驶的。"

违反本条第一项或第二项，应当适用本条例第八十一条予以处罚。

第四节　汽车租赁经营

本节说明：本节规定汽车租赁经营活动。规范汽车租赁经营的相关规定有《小微型客车租赁经营服务管理办法》（交通运输部令 2021 年第 17 号）等。

第四十五条　汽车租赁经营者应当加强租赁车辆的管理，按照国家规定进行安全技术检验，保证向承租人提供的车辆符合国家规定和上路行驶的条件。

租赁车辆行驶证登记的所有人应当与汽车租赁经营者的名称一致，且登记的使用性质为租赁。

【本条主旨】

本条是关于汽车租赁经营者义务和租赁车辆车籍登记的规定。

【本条释义】

本条分两款，有两层含义：一是要求汽车租赁经营者必须保证租赁车辆合格；二是租赁车辆必须为经营者所有的租赁使用车辆。

一、保证租赁车辆合格

本条要求经营者按照国家规定进行安全技术检验。所谓安全技术检验，指我国《中华人民共和国道路交通安全法》第十三条所规定的机动车"定期检验"，习惯上称机动车年检。此处所称的国家规定，包括有关的法律、法规、规章和国家标准，如我国《中华人民共和国道路交通安全法》《机动车安全技术检验项目和方法》（GB 38900—2020）等。

本条所称上路行驶的条件，指我国《中华人民共和国道路交通安全法》第十三条所规定的条件，包括定期进行安全技术检验合格和购买了机动车第三者责任强制保险。即取得检验合格标志和强制保险标志。此处所称符合国家规定，指符合我国《中华人民共和国道路交通安全法》《中华人民共和国道路交通安全法实施条例》《机动车运行安全技术条件》（GB 7258—2017）等法律法规及国家标准的规定。

交通运输部《小微型客车租赁经营服务管理办法》将9座及以下的小微型客车的租赁经营服务明确纳入道路运输相关业务经营管理的范围，设置了汽车租赁经营服务规范、汽车租赁经营的监督管理和法律责任制度。

二、租赁车辆须为经营者所有

本条所称行驶证登记的所有人应当与汽车租赁经营者的名称一致，指租赁车辆的机动车登记所有人为经营者。也就是说，租赁车辆须以经营者的名义在公安机关机动车管理部门办理了机动车登记。

本条所称登记的使用性质为租赁，指租赁车辆的机动车行驶证上"使用性质"一栏登记为"租赁"，即租赁车辆的用途须登记为租赁。

三、违反本条的法律后果

违反本条第二款，依据本条例第八十二条予以处罚。

第四十六条 汽车租赁经营者应当遵守下列规定：

（一）按规定办理租赁经营者备案登记手续；

（二）在经营场所和服务平台以显著方式明示服务项目、租赁流程、租赁车辆类型、收费标准、押金收取与退还、客服与监督电话等事项；

（三）建立租赁经营管理档案，并按照规定报送相关数据信息；

（四）按照国家和我市规定落实安全生产制度；

（五）与承租人签订汽车租赁合同；

（六）查验承租人和驾驶人相关证件，确保驾驶人符合安全驾驶条件；

（七）不得向承租人提供驾驶劳务；

（八）在承租人租用使用性质为租赁的车辆期间，获知承租人利用租赁车辆从事道路运输经营的，不得继续向承租人提供租赁车辆；

（九）不得在道路上巡游揽客；

（十）不得从事法律、法规、规章禁止的其他行为。

【本条主旨】

本条规定了汽车租赁经营者的义务。

【本条释义】

本条规定了汽车租赁经营者应承担的十项义务，包括：备案；服务信息公示；经营管理建档；落实安全生产制度；签订汽车租赁合同；查验承租人和驾驶员证件；不得提供驾驶劳务；不得放任承租人利用租赁车辆从事营运；不得巡游揽客；不得实施法律法规规章所禁止的其他行为。

一、办理经营者备案

本条第一项要求经营者"按规定办理租赁经营者备案登记手续"。该规定实质上有两层含义：一是规定本市对汽车租赁经营者实行行政备案管理；二是要求经营者按照规定办理备案登记手续。《小微型客车租赁经营服务管理办法》第七条规定："从事小微型客车租赁经营的，应当在向市场监督管理部门办理有关登记手续或者新设服务机构开展经营活动后 60 日内，就近向经营所在地市级或者县级小微型客车租赁行政主管部门办理备案，并附送本办法第六条相应的材料。备案材料不完备或者不符合要求的，受理备案的小微型客车租赁行政主管部门应当书面通知备案人补充完善。"值得注意的是，《重庆市汽车租赁管理办法》已于 2022 年 2 月 22 日由《重庆市人民政府关于废止和修改部分政府规章的决定》（渝府令第 352 号）废止，经营者应当执行交通运输部的规定。

二、经营信息公示

本条第二项对经营信息的公示行为作出了具体规定。依据规定，公示场所为经营场所和服务平台；公示标准为显著方式；公示的事项内容包括：服务项目、租赁流程、租赁车辆类型、收费标准、押金收取与退还、客服与监督电话等。这些事项实质上均是汽车租赁合同的基本条款。

所谓经营场所，指汽车租赁经营者从事主要业务活动、经营活动的处所。服务平台，指面向社会公众提供汽车租赁相关服务的各类渠道。

所谓显著方式，指考虑普通承租人的认知能力，必须足以明显引起普通承租人注意的提示方式。

三、建档与报送信息

本条第三项所称建档与报送信息，指汽车租赁经营者应当在日常经营活动中，对车辆管理、承租人信息等进行建档备查，同时将企业信息、车辆基础信息、租赁合同、结算单信息、车辆维修保养年检信息等数据报送至行业主管部门。

为经营者设立此项义务，目的在于要求汽车租赁经营者对承租人的身份信息、车辆租赁信息、驾驶资格等材料进行核实，落实经营者的安全生产主体责任，强化车辆租赁的安全监管。

四、落实安全生产制度

落实安全生产制度，指按照国家和本市有关规定，落实安全生产责任，完善安全生产规章制度，加强安全生产管理。国家层面的法律规定主要有《中华人民共和国安全生产法》。

五、订立租赁合同

依据本条第五项，租赁经营者出租车辆，应当与承租人订立汽车租赁合同。汽车租赁合同是经营者作为出租人将租赁汽车交付承租人使用，约定由承租人支付租金的合同。

六、查验承租人和驾驶人证件

依据本条第六项，经营者须查验承租人和驾驶员的证件。本条所称承租人的证件，指承租人的身份证件、委托授权书等。驾驶人的证件，指承租人指定的驾驶人的机动车驾驶证。依据本条，租赁经营者应当查验驾驶人的驾驶证件，确保其具备与所承租的车辆车型相匹配的准驾资格。

七、禁止提供驾驶劳务

依据本条第七项，禁止租赁经营者为承租人提供驾驶劳务。

《小微型客车租赁经营服务管理办法》第二条规定："小微型客车租赁经营服务，是指小微型客车租赁经营者与承租人订立租赁合同，将9座及以下的小微型客车交付承租人使用，收取租赁费用的经营活动。"可见，汽车租赁经营的服务范围是经营者向客户提供汽车，满足客户用车需求，不包括为客户提供驾驶劳务。

八、禁止放任承租人利用租赁车辆从事营运

本条第八项所称不得继续向承租人提供租赁车辆，指租赁经营者应当及时解除租赁合同，收回租赁车辆。值得注意的是，本条并非禁止租赁车辆用于从事道路运输经营，不禁止道路运输经营者融资租赁车辆从事道路运输，而禁止利用租赁车辆从事非法营运。由于国家对租赁车辆和用于道路运输营运的车辆实行不同的机动车安全管理制度（如报废管理），登记用途为租赁的车辆在未变更登记为营运车辆前，依据本条例第四十七条的规定，不能用于道路运输经营。而租赁经营者依据本条，有义务阻止承租人将登记为租赁的车辆用于道路运输经营。

九、禁止巡游揽客

本条第九项所称"不得在道路上巡游揽客"，指禁止租赁经营者在道路上巡游招租。

十、不得从事法律、法规、规章禁止的其他行为

本条除列举规定了汽车租赁经营者不得实施的三项具体行为外，还要求汽车租赁经营者不得实施除上述三项禁止行为之外的其他禁止行为，包括有关法律、法规和规章所禁止的行为。目前，有关法律、法规和规章尚未明确列举规定其他禁止行为。

十一、违反本条的法律后果

违反本条第一至三项、第七至九项中任何一项的，应当适用本条例第八十二条予以处罚。

第四十七条　利用租赁汽车从事道路运输经营的，汽车租赁经营者应当变更汽车使用性质。汽车使用性质一旦变更，应当按照相应的营运汽车使用年限执行报废管理。

【本条主旨】

本条是关于租赁汽车变更使用性质及报废管理的规定。

【本条释义】

本条有两层意思：一是租赁车辆用于道路运输经营的，应当变更为营运性质；二是租赁车辆变更为营运性质后，应当按照营运车辆实行报废管理。

一、变更租赁车辆的用途

租赁车辆使用性质，指租赁汽车在机动车行驶证上登记的用途。按照本条例第四十五条第二款的规定，经营者从事汽车租赁经营，须将其所有的用于出租的汽车登记为租赁用途。

本条所称变更汽车使用性质，指租赁经营者按照其用于道路运输经营的具体业务类型，将汽车的"租赁"性质变更登记为相应的营运车辆使用性质。如拟投入巡游出租汽车客运，经营者须向公安机关车辆管理部门办理行驶证变更登记，申请将原登记的租赁使用性质变更为巡游出租汽车客运。

值得注意的是，公安机关对车辆的使用性质的变更登记，并不具有许可使用人将该车辆投入道路运输经营的效力。租赁车辆由租赁性质变更为巡游出租汽车客运性质后，车辆使用人如果将其投入营运，依据本条例的规定，须依法向交通主管部门申领《道路运输证》和《经营许可证》，获得相应的行政许可后方可营运。

二、租赁车辆变更使用性质后的报废管理

我国《中华人民共和国道路交通安全法》第十四条规定："国家实行机动车强制报废制度，根据机动车的安全技术状况和不同用途，规定不同的报废标准。应当报废的机动车必须及时办理注销登记。达到报废标准的机动车不得上道路行驶。报废的大型客、货车及其他营运车辆应当在公安机关交通管理部门的监督下解体。"这一规定，确立了机动车强制报废制度。

依据《机动车强制报废标准规定》，机动车原则上实行使用年限到期强制报废管理。一般来说，机动车类型或者机动车的用途不同，实行报废管理的使用年限也不相同。例如，租赁载客汽车使用年限被规定为十五年，到期强制予以报废。

租赁载客汽车如改变用途，应当根据《机动车强制报废标准规定》的规定实行强制报废。该规章第六条规定："变更使用性质或者转移登记的机动车应当按照下列有关要求确定使用年限和报废：①营运载客汽车与非营运载客汽车相互转换的，按照营运载客汽车的规定报废，但小、微型非营运载客汽车和大型非营运轿车转为营运载客汽车的，应按照本规定附件1所列公式核算累计使用年限，且不得超过十五年。②不同类型的营运载客汽车相互转换的，按照使用年限较严的规定报废。③小、微型出租客运汽车和摩托车需要转出登记所属地省、自治区、直辖市范围的，按照使用年限较严的规定报废。④危险品运输载货汽车、半挂车与其他载货汽车、半挂车相互转换的，按照危险品运输载货车、半挂车的规定报废。距本规定要求使用年限一年以内（含一年）的机动车，不得变更使用性质、转移所有权或者转出登记地所属地市级行政区域。"

本条所称应当按照相应的营运汽车使用年限执行报废管理，意思是要求租赁经营者遵守《中华人民共和国道路交通安全法》《机动车强制报废标准规定》的规定，对投入营运的机动车按规定的营运车辆使用年限实行到期报废处理。

第四章　道路运输共同规定

本章说明：本章集中规定各类道路运输经营者应当共同遵守的行为规范。与本章规范事项相关联的规定包括《中华人民共和国道路运输条例》（根据国务院 2023 年 7 月 20 日第 764 号令修订）、《道路运输从业人员管理规定》（交通运输部令 2022 年第 38 号）、《道路运输车辆技术管理规定》（交通运输部令 2023 年第 3 号）、《道路运输车辆动态监督管理办法》（交通运输部 公安部 应急管理部令 2022 年第 10 号）、《重庆市道路运输驾驶员管理办法》（重庆市人民政府令第 249 号）等。

第四十八条 从事道路运输或者道路运输相关业务经营的，应当符合国家规定的条件。

【本条主旨】

本条规定道路运输经营者须符合国家规定的经营条件。

【本条释义】

本条规定了道路运输经营者和道路运输相关业务经营者须具备国家规定的经营条件，但未具体列举规范内容。依据本条，凡是国家对道路运输经营设置了条件的，本市道路运输经营者和道路运输相关业务经营者均须予以遵守；交通主管部门也须遵照执行。

按照道路运输经营和道路运输相关业务经营的不同类型，相关国家规定汇集如下：

一、道路旅客运输经营条件

《中华人民共和国道路运输条例》第八条规定了道路旅客运输经营条件；交通运输部《道路旅客运输及客运站管理规定》第十一条则进一步细化了道路客运经营条件。

二、道路货物运输经营条件

《中华人民共和国道路运输条例》第二十一条规定了道路货运经营条件；交通运输部《道路货物运输及站场管理规定》第六条则进一步细化了道路货运经营条件。该规定第八条明确了道路货运经营许可申请材料；第十四条还规定了道路货运经营许可的例外情形。

三、道路危险货物运输条件

《中华人民共和国道路运输条例》第二十三条规定了道路危险货物运输经营条件。交通运输部《道路危险货物运输管理规定》第八条进一步细化了道路危险货物运输经营条件，第九条还规定了非经营性道路危险货物运输条件。

《放射性物品道路运输管理规定》第七条规定了申请从事放射性

物品道路运输经营许可应当具备的条件。第八条规定了生产、销售、使用或者处置放射性物品的单位（含在放射性废物收贮过程中的从事放射性物品运输的省、自治区、直辖市城市放射性废物库营运单位）申请使用自备专用车辆从事为本单位服务的非经营性放射性物品道路运输许可应当具备的条件。

四、巡游出租汽车的经营条件和车辆经营权的取得条件

交通运输部《巡游出租汽车经营服务管理规定》第八条规定了经营者申请巡游出租汽车经营应当具备的条件；第十三条还规定了经营者取得巡游出租汽车车辆经营权的条件。

五、网络预约出租汽车经营条件

《网络预约出租汽车经营服务管理暂行办法》第五条规定了申请从事网络预约出租汽车经营许可的条件；第十二条规定了拟从事网络预约出租汽车经营的车辆，应当符合的条件。

六、道路运输站（场）经营条件

《中华人民共和国道路运输条例》第三十六条规定了申请从事道路运输站（场）经营的条件；交通运输部《道路旅客运输及客运站管理规定》第十五条则进一步细化了申请从事客运站经营的条件。《道路货物运输及站场管理规定》第七条则细化了申请从事货运站经营的条件。

需要注意的是，《中华人民共和国道路运输条例》已经取消了对道路货运站经营的许可管理，调整为备案管理。

七、机动车维修经营条件

机动车维修经营依法实行备案管理。《中华人民共和国道路运输条例》第三十七条规定了从事机动车维修经营的条件。交通运输部《机动车维修管理规定》第十二条规定了从事汽车维修经营业务或者其他机动车维修经营业务应当具备的条件；第十三条规定了从事危险货物运输车辆维修的汽车维修经营者，除具备汽车维修经营一类维修经营业务的条件外，还应当具备的其他条件。

八、机动车驾驶员培训经营条件

机动车驾驶员培训经营依法实行备案管理。《中华人民共和国道路运输条例》第三十八条规定了申请从事机动车驾驶员培训经营的条件。交通运输部《机动车驾驶员培训管理规定》第十条则规定了从事普通机动车驾驶员培训经营的条件；第十一条规定了申请从事道路运输驾驶员从业资格培训业务的条件；第十二条则还规定了申请从事机动车驾驶员培训教练场经营业务的条件。

九、汽车租赁经营条件

汽车租赁经营依法实行备案管理。交通运输部《小微型客车租赁经营服务管理办法》第六条规定了从事小微型客车租赁经营应当具备的条件。

十、国际道路运输经营条件

国际道路旅客运输经营依法实行许可管理，国际道路货物运输经营依法实行备案管理。《中华人民共和国道路运输条例》第四十八条规定了申请从事国际道路运输经营应具备的条件，交通运输部《国际道路运输管理规定》第五条则细化了国际道路运输经营条件。

十一、违反本条的法律后果

违反本条，适用国家有关规定予以处罚。

第四十九条　从事道路运输或者道路运输相关业务经营的，应当依法向市场监管部门办理注册登记手续后，按照下列规定办理：

（一）跨市、跨区县（自治县）或者在中心城区内从事客运经营的，向市道路运输机构提出申请。中心城区以外从事毗邻区县（自治县）间班车客运经营的，向注册地区县（自治县）道路运输机构提出申请。

（二）在中心城区以外的区县（自治县）内从事客运经营，从事货运经营或者道路运输相关业务经营的，向注册地区县（自治县）道路运输机构提出申请。

（三）从事网络预约出租汽车平台公司经营的，向市道路运输机构提出申请。

市、区县（自治县）交通主管部门应当依法作出决定或者办理备案，所属的道路运输机构依法颁发经营证件。

【本条主旨】

本条是关于道路运输及其道路运输相关业务经营许可及备案的规定。

【本条释义】

本条分两款，有三层意思：一是道路运输及道路运输相关业务经营的申请实行先照后证；二是市和区县（自治县）两级道路运输机构分工负责接收道路运输及道路运输相关业务经营的申请材料；三是交通主管部门与所属的道路运输机构分别负责经营许可或备案管理中不同阶段的工作。

一、道路运输及道路运输相关业务经营许可或备案实行先照后证

依据本条第一款，经营者如果计划从事道路运输及相关业务经营活动，在依法向市场监管部门办理注册登记手续后，还需要向道路运输机构提出申请，办理经营手续，亦即先申领营业执照（简称"照"），后办理经营许可（简称"证"）或备案手续。通俗的说法叫"先照后证"，也称行政许可后置。

本条所称注册登记，指市场主体设立登记。市场主体登记，包括设立登记、变更登记和注销登记，习惯上称工商登记或商事登记。市场主体，按照《中华人民共和国市场主体登记管理条例》第二条的规定，指在中华人民共和国境内以营利为目的从事经营活动的下列自然人、法人及非法人组织：①公司、非公司企业法人及其分支机构。②个人独资企业、合伙企业及其分支机构。③农民专业合作社（联合社）及其分支机构。④个体工商户。⑤外国公司分支机构。⑥法律、行政法规规定的其他市场主体。

在道路运输行业，从事道路运输及相关业务的经营者，以公司、非公司企业法人、合伙企业、个人独资企业、个体工商户等组织形式从事以营利为目的的活动，均属于市场主体。经营者依法办理设立登记，并领取营业执照，取得市场主体资格；依本条办理道路运输或道路运输相关业务的经营许可，取得道路运输或道路运输相关业务经营资格；法规要求备案的，则应当依法备案。

二、道路运输及道路运输相关业务经营许可或备案申请的管辖

依据本条第一款，市与区县（自治县）两级道路运输机构，按照道路运输及道路运输相关业务的运营地和业务类型划分，分工负责接收相关许可或备案的申请材料。

不同运营地的各类业务与受理申请的属地管辖机构对应关系图表如下：

业务类型 管辖机构 运营地	客运	班车客运	网络预约出租汽车平台公司经营	货运与道路运输相关业务	国际道路运输
中心城区内运营	市道路运输机构	市道路运输机构	市道路运输机构	注册地区县（自治县）道路运输机构	市道路运输机构
跨市运营					
跨区县（自治县）运营					
中心城区外的区县（自治县）内运营	注册地区县（自治县）道路运输机构	注册地区县（自治县）道路运输机构			
中心城区外毗邻区县（自治县）之间运营	市道路运输机构	注册地区县（自治县）道路运输机构			

需要明确的是，本条第一款各项中所称的"注册"，指经营者作为市场主体，在开展经营活动之前依法必须向市场监督管理部门申请办理的市场主体设立登记并领取《营业执照》的行为。因此，"注册地"，指办理注册登记手续的区县（自治县）市场监督管理部门的行政辖区。

三、交通主管部门与所属道路运输机构之间的分工

本条第二款所称交通主管部门作出决定或办理备案，指市、区县（自治县）交通主管部门对经营者的申请依法作出许可决定，或办理备案。交通主管部门所属的道路运输机构负责发放以交通主管部门名义制作的经营证件。本条所称"经营证件"，包括道路运输或相关业务《经营许可证》、车辆《道路运输证》、驾驶员《从业资格证》、"客运标志牌"等。

依据《中华人民共和国道路运输条例》及本条例的规定，从事道路旅客运输、巡游出租汽车和网络预约出租汽车客运、国际道路旅客运输、普通道路货运经营（使用总质量 4500 千克以下普通货运车辆从事普通货运经营的除外）、道路危险货运、道路客运站经营等，实行行政许可管理；而从事机动车维修经营、机动车驾驶员培训、汽车租赁经营、道路货物运输站（场）经营、国际道路货物运输的，则实行备案管理。

本条规定与本条例其他相关规定整体上贯彻落实了国家"简政放权"的行政改革决定。取消、下放了一批行政许可事项，取消总质量 4500 千克以下普通货运经营许可、货运站经营许可、小型客车租赁经营许可等；下放的行政许可包括中心城区以外毗邻区县间道路旅客运输经营许可等。此外，还将机动车维修经营许可、机动车驾驶员培训经营许可、货运站经营许可和国际货物运输许可调整为备案管理。

第五十条　道路运输或者道路运输相关业务的经营者停业、歇业、分立、合并、迁移或者转让客、货运经营车辆的，应当依法向道路运输机构办理相关手续。

未按照前款规定办理相关手续，客运和道路旅客运输站经营者不得擅自暂停、终止经营或者转让班线运输。

【本条主旨】

本条是关于道路运输或道路运输相关业务经营者停业等情形下办理手续的规定。

【本条释义】

本条分两款，有三层意思：一是经营者停业、歇业、合并、分立、迁移或者转让营运车辆的，须依法办理相关手续；二是未办理手续前，经营者不得暂停、终止客运服务或客运站经营；三是未办理手续前，经营者不得转让班线运输许可。

一、经营者停业、歇业、合并、分立、迁移及转让车辆的手续

（一）停业与歇业

本条所称停业，指经营者终止向社会提供道路运输或道路运输相关业务经营服务的行为。

本条所称歇业，指经营者暂时停止向社会提供道路运输或道路运输相关业务经营服务的行为。

停业与歇业的区别是：停业是永久性的停止业务，或者说终止业务，经营者没有在未来恢复业务的意图；歇业是临时性的停止业务，或者说暂停业务，经营者有意在经营服务的障碍消除后恢复业务。

（二）分立与合并

本条所称分立与合并，指从事道路运输及其相关业务经营的企业依法实施分立或合并的组织变更行为。

分立，按照《中华人民共和国公司法》第一百七十五条的规定，指公司将资产进行分割，在此基础上将公司分解为两个以上的公司的组织变更。分立包括两种方式：新设分立和派生分立。新设分立，指公司自行决定解散，并将公司资产进行分割，分别成立两个以上的公司。派生分立，指公司自行决定，在保留原公司的同时，将公司的部分资产分割出去，在此基础上成立新的公司。

合并，按照《中华人民共和国公司法》第一百七十二条的规定，指两个以上的公司通过自愿达成的合并协议，组成一个公司的组织变更。合并包括两种方式：新设合并与吸收合并。新设合并，指参与合并的公司全部解散，集合各公司的资产设立一个新公司。吸收合并，指参与合并的一个公司保留，其余公司解散，被解散的公司资产全部为保留下来的公司所吸收。

道路运输企业实施分立或参与合并，依法发生组织变更。具体来说，参与合并或实施分立可能导致合并或分立前后的各企业之间在经营范围（包括许可经营）、注册资本、股东、企业名称、住所（注册地址）、法定代表人等方面发生变化。按照《中华人民共和国公司法》的规定，合并后保留或新设立的公司承继合并之前的各公司债权债务以及其他资产；分立后保留和新设立的公司，或者新设立的各公司按照公司资产分割决议，分别取得分立之前的公司的部分资产；但行政许可经营权（资格）并不在自动承继之列，公司合并协议、公司资产分割决议中对行政许可经营权的处置方案对外也没有法律效力。因此，道路运输企业参与合并或实施分立，会产生两个方面的问题：一是因为参与合并或实施新设分立而归于解散的企业（原企业）需要注销其已经取得的许可经营权才能停业；二是合并或分立之后新设立的企业（新企业）需要重新申请取得许可经营权才能从事许可经营。

按照《中华人民共和国行政许可法》《中华人民共和国道路运输条例》等有关法律法规、规章的规定，因合并、分立而导致已经取得道路运输许可经营权的企业归于解散并注销的，应当办理许可经营权注销手续；同时，合并、分立后新设立的企业如果计划从事道路运输许可经营的，应当重新申请办理许可手续。

当然，对于实行备案管理的道路运输企业来说，合并、分立也可能导致原企业或新企业的备案事项发生变动，包括原企业停业、新企业计划从事道路运输相关业务经营以及其他备案事项的变动。因此，依据本条，经营者应当办理有关手续。

（三）迁移

本条所称迁移，指经营者跨越办理道路运输及道路运输相关业务经营许可或备案手续的交通主管部门的行政辖区，搬迁其住所的行为。

（四）转让客货经营车辆

本条所称转让客货经营车辆，指道路客货运输经营者将其投入客运或货运车辆的所有权出售给他人而获利的一种法律处分行为。我国道路客运、货运经营（4500千克以下普通货运除外）、出租汽车客运和公共汽车客运依法实行许可经营管理；该许可管理包括：对经营者实施经营许可（经营者据此取得许可业务经营权）；对巡游出租汽车和网络预约出租汽车车辆实施许可；对投入营运的道路客运、货运车辆配发《道路运输证》。因此，转让客货经营车辆除应当在公安机关交通管理部门办理车辆变更手续外，如需要继续投入营运，还应该在受让的经营者获得相应经营许可且车辆符合相关技术条件后，由交通主管部门给其重新发放《道路运输证》。

（五）相关手续

本条中的"相关手续"，包括向道路运输机构报告；申请歇业或停业；

办理道路运输经营许可证件或备案的变更登记；办理许可证件或备案的注销登记；重新办理道路运输经营许可证件等。

经营者办理本条所规定的相关手续，应当遵守有关法律法规、规章的规定。例如，依据《道路危险货物运输管理规定》第十九条的规定，道路危险货物运输企业或单位终止业务的，"应当在终止之日的30日前告知原许可机关，并在停业后10日内将《道路运输经营许可证》或者《道路危险货物运输许可证》以及《道路运输证》交回原许可机关"。此处的"终止"指停业。依据《小微型客车租赁经营服务管理办法》第九条第二款和第三款规定，租赁经营者暂停或者终止经营的，"应当在暂停或者终止经营之日起15日内，向原备案机构书面报告。暂停或者终止分时租赁经营的，应当提前30日向社会公告，并同时向原备案机构书面报告。"该规定中"暂停"一词指歇业；"终止"一词，指停业。

二、未办理手续前，禁止经营者暂停、终止经营或转让班线运输

本条第二款包括三项禁止性规范：未办理有关手续之前，禁止客运经营者歇业或停业；未办理有关手续之前，禁止客运站经营者歇业或停业；未办理有关手续之前，禁止班线运输经营者转让班线运输。

本条所称客运，包括道路旅客运输和出租汽车客运经营。本条所称"暂停经营"，指歇业；本条所称"终止经营"，指停业。

本条所称转让，指班线运输企业因为参与合并或实施新设分立，从而导致原企业已经取得的特定班线经营权向新企业转移的行为。

按照《中华人民共和国道路运输条例》第十八条的规定，班线客运经营者取得道路运输经营许可证后，应当向公众连续提供运输服务，不得转让班线运输；同时，该条例第六条又规定，国家鼓励道路运输企业实行规模化、集约化经营。而企业合并与分立是企业走向规模化、集约化经营的重要手段。因此，《中华人民共和国道路运输条例》所禁止的班线运输转让，不包括因为企业合并或分立的原因所导致的班线经营权的转让（或称转移）。依据本条，因为合并或分立的原因而转让班线的，经营者应当按照有关规定办理手续，包括注销原企业的班线经营许可证，同时为新企业重新办理班线经营许可证等。

我国《中华人民共和国行政许可法》第六十七条规定："取得直接关系公共利益的特定行业的市场准入行政许可的被许可人，应当按照国家规定的服务标准、资费标准和行政机关依法规定的条件，向用户提供安全、方便、稳定和价格合理的服务，并履行普遍服务的义务；未经作出行政许可决定的行政机关批准，不得擅自停业、歇业。"依据此条以及《中华人民共和国道路运输条例》第十八条，并结合本条的规定，道路旅客运输及客运站、巡游出租汽车和网络预约出租汽车客运的经营者在未按照规定办理手续之前，均不得暂停经营或终止经营。

三、违反本条的法律后果

违反本条第一款，道路运输或道路运输相关业务经营者停业、歇业、合并、分立、迁移或转让车辆而未办理有关手续的，应当适用本条例第八十三条予以处罚；违反本条第二款规定，在未办理有关手续前，暂停道路旅客运输、出租汽车客运或者道路旅客运输站经营服务的，应当适用本条例第八十三条予以处罚；违反本条第二款规定，在未办理有关手续前终止道路旅客运输、出租汽车客运经营服务的，应当适用本条例第八十三条予以处罚；违反本条第二款规定，在未办理有关手续前转让班线运输的，应当适用《中华人民共和国道路运输条例》第六十六条或者《道路旅客运输及客运站管理规定》第九十五条予以处罚。

第五十一条 客运经营者更换客运车辆，应当向道路运输机构提出申请。交通主管部门应当在五个工作日内作出决定，对符合客运管理规定的车辆，换发道路运输证、客运标志牌。

任何单位和个人不得违法强制客运经营者更换指定的车辆。

【本条主旨】

本条是关于客运经营者更换客运车辆的规定。

【本条释义】

本条分两款，有两层含义：一是经营者更换客运车辆，须经交通主管部门同意；二是禁止强制经营者接受指定的车辆用于更换。

一、更换客运车辆的程序、条件与手续

本条第一款规定了经营者更换客运车辆的申请与决定程序、条件和手续。

申请与决定程序包括两个方面：一方面，道路客运经营者更换客运车辆，应当向道路运输机构提出申请，由交通主管部门决定是否允许更换；另一方面，依据本条，交通主管部门应当在五个工作日内作出决定，对符合客运管理规定的车辆换发证牌。

依据本条，交通主管部门决定同意更换的条件是，新客运车辆符合客运管理规定。本条所称"客运管理规定"，指《道路运输车辆技术管理规定》和其他相关规定。

依据本条，经营者更换客运车辆，须办理的手续包括申请换发《道路运输证》和《客运标志牌》。交通主管部门决定同意经营者更换的，应当在五个工作日内为经营者颁发新的证牌，即换发证牌。

本条中的"道路运输证"指交通主管部门为道路运输车辆配发的资格证件，由道路运输机构发放。

二、禁止强制经营者更换指定的车辆

禁止的事项是强制经营者接受指定的更换车辆。该禁止性规范的核心意思是，本条例保护客运经营者对更换车辆的选择权，即对购买商家和车辆品牌的选择权。换句话说，买哪一家销售的车辆和哪个厂家的品牌车辆均由经营者自主选择，其他人包括主管部门及其工作人员均无权指定和干预。

主管部门根据有关客运车辆的规定，要求经营者选择符合规定的客运车辆，属于行使本条赋予的职权，不属于违法强制行为。

第五十二条　禁止货运汽车、拖拉机、摩托车、残疾人机动轮椅车、电动自行车等车辆从事客运经营。

中心城区禁止人力车从事客运经营。中心城区以外的区县（自治县）人民政府可以决定是否准许人力车从事客运经营。

【本条主旨】

本条是关于禁止非客运车辆从事道路客运经营的规定。

【本条释义】

本条分两款，有两层含义：一是禁止使用货运汽车、拖拉机、摩托车、残疾人机动轮椅车、电动自行车等非客运车辆从事客运；二是本市中心城区内禁止人力车从事客运经营，但中心城区以外的区县（自治县）人民政府可以决定本区县（自治县）内禁止或允许人力车从事客运。

一、禁止使用非客运车辆从事客运

本条第一款规定了禁止使用非客运车辆从事客运经营活动。从对人的范围来讲，这一禁止性规范的约束对象是任何单位和任何个人。从地域范围来讲，该禁止性规范在本市行政辖区内均有约束力，中心城区以外的区县（自治县）也不例外。从车辆的类型讲，包括各类非客运车辆。本条列举了具体的非客运车辆类型：货运汽车、拖拉机、摩托车、残疾人机动轮椅车、电动自行车。但应当注意，本条还使用"等车辆"的语词来描述禁止的车辆类型，本条未列举的其他非客运车辆也在禁止之列。

二、禁止使用人力车从事客运，但中心城区以外区县（自治县）另有规定除外

本条第二款有两层意思：一是禁止在本市中心城区内使用人力车从事客运；二是本市中心城区以外的区县（自治县）人民政府可以决定是否允许人力车从事客运。

所谓人力车，指依靠人力为动力行驶的非机动车，常见的有黄包车、人力三轮车等，一般用于旅游体验或代步。

在中心城区以外的区县（自治县），本条第一款所禁止从事客运的非客运车辆并不包含人力车。依据本条，区县（自治县）人民政府可以决定本区县内禁止人力车从事客运，也可以允许人力车从事客运。

三、违反本条的法律后果

违反本条，适用本条例第八十七条予以处罚。

第五十三条　营运驾驶员应当随车携带道路运输证、驾驶员从业资格证等交通主管部门核发的有效证件。

道路运输证上载明的单位名称应当与车辆行驶证和道路运输经营许可证上载明的名称一致。

【本条主旨】

本条规定了《道路运输证》、道路运输《从业资格证》的使用与管理。

【本条释义】

本条有两款。一是要求营运驾驶员行车时须携带有效证件；二是要求《道路运输证》、车辆《行驶证》与《经营许可证》三证的持有人为同一主体。

一、随车携带有效证件

依据本条，道路运输经营的驾驶员行车时须携带有效证件，包括《道路运输证》、驾驶员《从业资格证》等。

驾驶员从业资格证，是市交通主管部门依法发给道路运输驾驶员的从业资格证件。

需要注意的问题有两个。一是电子证件。2022 年 1 月 1 日起，我市启用道路旅客运输、道路货物运输、危险货物运输从业资格电子证；同年 3 月 1 日起，启用出租汽车（含网络预约出租汽车）驾驶员从业资格电子证。从业资格电子证与原"IC"卡从业资格证具有同等效力。因此，已经申领从业资格电子证的驾驶员，在本市可以通过手机出示电子证。机动车电子行驶证也是如此。二是本条约束的驾驶员范围。本条强制性规范约束的对象，应当指依法实行许可管理的道路客运、货运驾驶员。

二、道路运输证、经营许可证与行驶证三证的持有人保持一致

本条第二款要求《道路运输证》《经营许可证》与《机动车行驶证》三证的持证单位名称记载保持一致，亦即《道路运输证》《经营许可证》所记载的经营者与《机动车行驶证》所记载的机动车所有人相同，即持证人保持一致。

车辆《道路运输证》和道路运输《经营许可证》都是交通主管部

门向经营者颁发的许可证件。两个证件上均记载了被许可的经营者名称。投入营运的车辆行驶证由公安机关颁发，均记载了机动车所有人的名称。依据本条，三证的持有人保持一致是经营者合法从事道路运输经营的必要条件。

需要注意的是，近年来兴起的新业态并不一定要求三证持有人保持一致。如网络预约出租汽车经营者、网络平台道路货运经营者多数为轻资产经营，自身并不一定购买营运车辆，而是通过协议方式接入取得合法营运资质的营运车辆从事运输，实际上承担的是无车承运人的主体责任，因此，其接入的车辆《道路运输证》和《行驶证》持证人并不一定就是平台经营者。此外，经营者按照本条例第四十七条规定使用租赁车辆从事道路运输经营的，车辆的《道路运输证》、道路运输《经营许可证》与车辆所有人也会不一致。上述情形下的名称不一致，则不视为违反本条规定。

三、违反本条的法律后果

违反本条第二款，适用本条例第八十四条予以处罚。

第五十四条　道路运输经营者应当依法聘用取得相应从业资格证的人员从事经营活动。

道路运输和道路运输相关业务的经营者，应当依法与聘用人员签订劳动合同，并依法为聘用人员缴纳社会保险费。

【本条主旨】

本条是关于经营者聘用驾驶员和其他从业人员的规定。

【本条释义】

本条分两款，有两层含义：一是道路运输经营者应当聘用持有相应从业资格证的从业人员；二是道路运输及相关业务的经营者须与其聘用的人员签订劳动合同并缴纳社会保险费。

一、经营者应当聘用持有相应从业资格证的人员

本条第一款为强制性规范，约束的对象是道路运输经营者。

本条所称相应从业资格，指按照道路运输从业资格管理的相关规定，可以应聘道路运输经营活动的特定岗位资格，包括道路旅客运输驾驶员、道路货物运输驾驶员、道路危险货物运输驾驶员、巡游出租汽车驾驶员、网络预约出租汽车驾驶员、道路危险货物运输从业人员。聘用持有相应从业资格的人员从事道路运输经营，是维护市场秩序、保护接受服务的相对人合法权益的必要条件。

二、经营者应当与其聘用的人员签订劳动合同并缴纳社保费

本条第二款为强制性规范，约束的对象包括道路运输的经营者和道路运输相关业务的经营者，约束的事项是经营者的用工行为。

依据本条，经营者聘用人员，即用工须承担两项义务：一是依法与被聘用人员签订劳动合同；二是依法为被聘用人员缴纳社会保险费。此处所谓"依法"，应指遵从我国《中华人民共和国劳动法》《中华人民共和国劳动合同法》《中华人民共和国社会保险法》《社会保险费征缴暂行条例》等法律法规的规定。

第五十五条　道路运输和道路运输相关业务的经营者应当承担安全生产主体责任，落实安全生产管理制度，加强对从业人员的安全教育、职业道德教育，保障安全生产投入，确保道路运输安全。

鼓励小微道路运输企业通过委托第三方等方式进行安全生产管理。

交通主管部门、道路运输机构、交通运输综合行政执法机构和道路运输经营者应当针对交通事故、自然灾害和运输突发事件等紧急情况制定应急预案。应急预案应当包括报告程序、应急指挥、应急设施储备、现场处置措施、善后处理等内容。

【本条主旨】

本条规定了经营者的安全生产责任、管理方式和应急预案制度。

【本条释义】

本条分三款，共三层意思：一是明确道路运输及相关业务经营者承担安全生产主体责任；二是鼓励小微企业委托第三方进行安全生产管理；三是明确交通主管部门及所属机构和经营者制定应急预案的义务。

一、经营者安全生产主体责任

本条第一款为强制性规范，约束的对象包括道路运输经营者和相关业务经营者。除明确规定经营者的安全生产责任外，本条还提出了经营者承担责任的三项具体要求：落实安全生产管理制度；加强对从业人员的安全教育、职业道德教育；保障安全生产投入。

（一）安全生产主体责任

安全生产主体责任，指道路运输和道路运输相关业务的经营者作为道路运输生产的主体，对道路运输安全生产所承担的责任。生产经营单位的主要负责人是本单位安全生产第一责任人，对本单位的安全生产工作全面负责。其他负责人对职责范围内的安全生产工作负责。具体责任为：必须遵守本法和其他有关安全生产的法律、法规，加强安全生产管理，建立健全全员安全生产责任制和安全生产规章制度，加大对安全生产资金、物资、技术、人员的投入和保障力度，改善安全生产条件，加强安全生产标准化、信息化建设，构建安全风险分级管控和隐患排查治理双重预防机制，健全风险防范化解机制，提高安全生产水平，确保安全生产。

（二）从业人员的安全教育、职业道德教育

从业人员，是指从事道路运输或者道路运输相关业务经营服务的人员，包括技术人员和管理人员，主要是驾驶人员、站务人员、装卸人员、押运人员、车辆调度人员、车辆检修人员、教练员等。

安全教育主要包括以下几个方面：有关安全生产和道路运输安全的法律、法规和规章；道路运输安全的基础知识；道路运输安全操作规程；道路运输事故的应急知识和方法等。安全教育的目的是，通过安全教育，保证从业人员具备必要的安全知识，熟悉有关安全规章制度和安全操作规程，掌握本岗位的安全操作技能。

职业道德，是指道路运输从业人员在道路运输职业中应遵循的道德规范。它是适应道路运输职业要求而产生的，包括职业观念、职业情感、职业理想、职业态度、职业技能、职业良心、职业作风等多方面的内容。道路运输从业人员职业道德规范是：安全畅通、尊客爱货、敬业奉献、优质诚信、文明守法。

（三）安全投入

安全投入，指生产经营单位为创造安全生产必要条件所需的资金投入。根据国家《中华人民共和国安全生产法》第二十三条的规定，生产经营单位的安全投入，由生产经营单位的决策机构、主要负责人或者个人经营的投资人予以保证，并对由于安全生产所必需的资金投入不足导致的后果承担责任。有关生产经营单位应当按照规定提取和使用安全生产费用，专门用于改善安全生产条件。安全生产费用在成本中据实列支。

二、第三方安全生产管理

本条第二款鼓励小微企业委托第三方负责安全生产管理。规范的主体是小微道路运输企业。

小微企业委托第三方进行安全监管是本市近几年探索出来的比较有效的提升小微企业安全监管能力的经验做法，本款以法规的形式予以确定下来。但是第三方安全监管和第三方资金监管一样，需要尊重当事人的意愿。道路运输机构可以制定支持措施，鼓励当事人开展第三方安全监管。

（一）小微企业

根据《中华人民共和国中小企业促进法》，中小企业是指在中华人民共和国境内依法设立的，人员规模、经营规模相对较小的企业，包括中型企业、小型企业和微型企业。中型企业、小型企业和微型企业划分标准由国务院负责中小企业促进工作综合管理的部门会同国务院有关部门，根据企业从业人员、营业收入、资产总额等指标，结合行业特点制定，报国务院批准。依照国家统计局《关于印发〈统计上大中小微型企业划分办法（2017）〉的通知》（国统字〔2017〕213号），交通运输小型企业划分标准是从业人员人数（个）$20 \leqslant X < 300$，营业收入（万）$200 \leqslant X < 3000$；交通运输微型企业划分标准是从业人员人数（个）$X < 20$，营业收入（万）$X < 100$。

在道路运输行业，一方面，小微企业在安全生产管理方面普遍存在人手有限、技术水平低等问题；另一方面安全生产责任重大且安全管理事项多。

（二）道路运输企业的安全生产管理

道路运输企业安全生产管理的日常工作包括：车辆动态监控、车辆技术管理、驾驶员教育培训、风险隐患排查治理等。

（三）第三方管理的积极意义

将企业安全管理的日常事务"打包"委托第三方机构来进行统一管理，有利于构建规范化的道路运输安全管理体系。

三、道路运输应急预案制度

本条第三款规定了道路运输应急预案制度：一是承担制定应急预案义务的主体；二是制订预案的目的；三是预案的内容。

按照规定，义务主体包括交通主管部门、道路运输机构、交通运输综合行政执法机构和道路运输经营者。制定预案的目的在于应对以下紧急情况：一是发生道路交通事故；二是发生自然灾害；三是出现运输突发事件。

第五十六条 禁止道路运输经营者将客运经营权出租、擅自转让给其他单位或者个人经营。

禁止未依法取得客运经营权的任何单位和个人，以任何形式从事道路客运经营。

禁止道路运输经营者使用无道路运输证的车辆、未经运营安全年度审验或者年度审验不合格的车辆、报废车辆或者擅自改装的车辆从事道路运输。

【本条主旨】

本条是关于禁止出租或擅自转让客运经营权、非法客运以及使用不合法车辆从事运输的规定。

【本条释义】

本条分三款，均为禁止性规范，有三层意思：一是禁止经营者出租或擅自转让客运经营权；二是禁止非法客运；三是禁止经营者使用无道路运输证、未经年审、年审不合格、报废，或者擅自改装的车辆从事道路运输。

一、禁止经营者出租或擅自转让客运经营权

本条第一款规范的行政相对人为客运经营者。客运经营权是许可机关依法授予经营者从事客运经营资格。出租和擅自转让客运经营权，均属于非法处分。本条禁止经营者出租或擅自转让客运经营权。

本条所称客运经营权，包括班车、包车、旅游客运和出租汽车客运经营权。本条所称出租，指道路客运经营者将客运经营权交由他人使用，通过收取租金来获取收益的经营行为。本市道路客运实行许可管理。经营者取得客运经营权后通过出租来牟利，违反行政许可制度。本条所称擅自转让，指道路客运经营者未依法向原许可机关办理相关手续，私自转让道路客运许可经营权（资格）的交易行为。

出租或擅自转让道路客运经营许可证，属于本条所称出租或擅自转让道路客运经营权的范畴。

二、禁止非法客运

本条第二款规范的行政相对人为任何未取得客运经营权的企业或个人。本市对出租汽车客运和道路旅客运输经营实行许可管理。经营者须依法向交通主管部门申请行政许可，取得客运经营权，才能从事客运经营活动。未取得客运经营权而从事经营活动，即属于非法经营。

三、禁止经营者使用不合规的车辆从事道路运输

本条第三款规范的行政相对人是道路运输经营者，包括道路客运、道路货运、道路危险货运（含放射性物品道路运输）、出租汽车客运的经营者。

禁止使用的不合规车辆包括五类：一是没有办理《道路运输证》的车辆；二是未参加运营安全年度审验的车辆；三是年度审验不合格的车辆；四是已经报废的车辆；五是擅自改装过的车辆。

车辆合规是道路运输安全的必要条件。投入营运的车辆依法实行道路运输证（许可）管理和运营安全年度审验管理。本条禁止经营者使用未取得《道路运输证》的车辆和未经运营安全年度审验或者年度审验不合格的车辆从事道路运输。本条规定所称运营安全年度审验，是指交通主管部门依据交通运输部客、货运管理相关规章开展的对营运车辆的年度审验。

使用已经报废的车辆或擅自改装的车辆从事道路运输，可能对道路运输安全构成危害。本条禁止经营者使用报废车辆或擅自改装的车辆从事道路运输。

四、违反本条的法律后果

违反本条第一款，经营者出租或擅自转让道路旅客运输经营权的，适用《中华人民共和国道路运输条例》第六十六条予以处罚。

违反本条第二款，未依法取得道路旅客运输经营权而从事道路客运的，适用《中华人民共和国道路运输条例》第六十三条第二项予以处罚；违反本条第二款，未依法取得巡游出租汽车经营权而从事巡游出租汽车客运的，适用《巡游出租汽车经营服务管理规定》第四十五条予以处罚；违反本条第二款，未依法取得网络预约出租汽车经营权而从事网络预约出租汽车经营的，适用《网络预约出租汽车经营服务管理暂行办法》第三十四条予以处罚。

违反本条第三款，经营者使用不合规的车辆从事道路运输的，适用本条例第八十四条予以处罚。

第五十七条　道路运输价格原则上实行市场调节价，不具备条件的，可以依法实行政府定价或者政府指导价。

道路运输票据按照国家有关规定统一制发。

经营者应当使用前款规定的统一票据。不出具票据的，旅客、货主和其他服务对象有权拒付费用。

【本条主旨】

本条是关于道路运输价格和票据制作及其使用的规定。

【本条释义】

本条分三款，有三层意思：一是规定运输服务的定价原则及例外；二是要求统一运输票据的制作样式；三是要求经营者使用统一样式的票据。本条各款所称的"道路运输"，均包括道路运输经营和道路运输相关业务经营。

一、运输服务的定价原则与例外

本条第一款将市场调节价规定为运输服务的定价原则；将政府定

价和指导价规定为市场调节定价原则的补充。其基本意思是：除依据我国《中华人民共和国价格法》及有关规定实行政府定价或指导价外，道路运输及相关业务的经营者向社会提供服务的，实行市场调节价。

（一）政府指导价

政府指导价指依照国家《中华人民共和国价格法》的规定，由政府价格主管部门或者其他有关部门，按照定价权限和范围规定基准价及其浮动幅度，指导经营者制定的价格。

（二）政府定价

政府定价指依照《中华人民共和国价格法》规定，由政府价格主管部门或者其他有关部门，按照定价权限和范围制定的价格。政府定价和政府指导价均纳入地方定价目录，对经营者具有刚性约束力。

（三）市场调节价

市场调节价，是指由经营者自主制定，通过市场竞争形成的价格。经营者在从事政府定价和政府指导价管理之外（即地方政府定价目录之外）的其他道路运输经营活动中按照市场调节价提供服务。例如，在道路旅客运输行业，非定线的旅游客运和包车客运的经营者可以对其提供的道路旅客运输服务自主定价。经营者按照市场调节价提供道路运输经营服务，仍须遵守一定的规则。如按照规定的方式和时限明码标价；按照规定的方式公示服务项目及其相应价格；保持价格基本稳定等。

根据交通运输部、国家发展改革委《关于深化道路运输价格改革的意见》（交运规〔2019〕17号）的规定，除农村客运外，由三家及以上经营者共同经营线路、与高铁动车组线路平行线路等竞争充分的班车客运，原则上实行市场调节价；同一方向上运输方式单一且同业竞争不充分的班车客运，可以实行政府指导价管理；农村客运实行政府指导价管理。所谓政府指导价管理，指政府定价机构直接规定道路运输价格的上限，并纳入地方定价目录，经营者的定价不得超过该上限。

二、统一运输服务的票据样式

本条第二款要求统一运输服务的票据样式。目前，客票已经统一了样式。道路运输的客票，包括纸质客票和电子客票，均按照交通运输部颁布的行业标准《汽车客运站计算机售票票样及管理使用规定》的统一样式执行。对于无行业标准的，省市地方可以自行确定式样，统一按国家有关规定印制、发放管理。

三、经营者须使用统一样式票据结算

本条第三款规定道路运输票据的使用规则，属于强制性规范，拘束的对象是任何经营者。其基本意思有两层：一是要求经营者使用统一样式的票据进行结算；二是受领服务一方对不使用统一样式票据结算的经营者有权拒绝付款。

道路运输和道路运输相关业务服务的结算凭证是票据。依据本条，接受服务的一方，不论是旅客还是货主，不论是单位还是其他消费者，均有权对不出具结算凭证或不按照规定使用统一样式的结算凭证的经营者拒绝付款。也就是说，本款规范可以解释为：经营者有义务提供统一样式的票据；受领服务一方有权要求经营者提供统一样式的票据；受领服务一方有权对拒绝提供票据的经营者拒付。

本条所称"不出具票据"，包括两种情形：不出具服务结算票据；出具的服务结算票据不符合规定的统一样式。

第五十八条　禁止任何单位和个人伪造、涂改、倒卖、出借道路运输经营和道路运输相关业务经营许可证、道路运输证、客运标志牌、机动车维修竣工出厂合格证、从业资格证等道路运输证牌。

【本条主旨】

本条是关于道路运输证牌的规定。

【本条释义】

本条规范的对象是任何人，包括单位和个人，包括道路运输经营者和非道路运输经营者。本条禁止的具体违法行为包括四类：伪造、涂改、倒卖、出借。本条所保护的道路运输证牌包括但不限于以下五种：《经营许可证》《道路运输证》《客运标志牌》《机动车维修竣工出厂合格证》《从业资格证》。

本条所称经营许可证，包括《道路运输经营许可证》《巡游出租汽车经营许可证》《网络预约出租汽车经营许可证》。道路运输证，包括《道路运输证》《网络预约出租汽车运输证》。从业资格证，包括《道路运输从业人员从业资格证》《巡游出租汽车驾驶员证》《网络预约出租汽车驾驶员证》等道路运输从业人员资格证书。

一、伪造

本条所称伪造，指行为人假冒交通主管部门或经营者的签章仿制道路运输证牌、企图以假充真的行为。例如，假冒核发机关的签章，仿照真实的证件样式制作《道路运输证》；假冒机动车维修企业的签章制作机动车《竣工出厂合格证》。

二、涂改

本条所称涂改，指行为人在真实的道路运输证牌上故意改写或变造该证牌原有的文字、图形或者其他标志的行为。如故意改写真实的驾驶员从业资格证上的有效日期，改变证件的有效期；变造从业资格上驾驶员的姓名，改变其持证人。

三、倒卖

本条所称倒卖，指将道路运输证牌卖给不具备条件或者没有资格或者虽然具备资格条件，但没有获得行政机关许可的个人或者组织的行为。如经营者取得车辆《道路运输证》后，将其出售给他人，从而牟利。

四、出借

本条所称出借，指行为人将道路运输证牌借给他人使用的行为。

各类道路运输证牌均是政府对道路运输及相关业务经营活动实施有效管理的工具，取得相关证牌的经营者倒卖或出借道路运输证牌，完全背离行政许可管理或备案管理的初衷，与伪造、涂改证牌的行为一样，严重干扰道路运输及道路运输相关业务的市场秩序，容易引发各类安全生产事故。因此，本条予以明文禁止。

五、违反本条的法律后果

违反本条的，应当适用本条例第八十六条予以处罚。

第五十九条 客运经营者、危险货物运输经营者应当分别为旅客或者危险货物投保承运人责任险。投保承运人责任险的最低限额按照国家和本市规定执行。

【本条主旨】

本条规定了道路旅客运输和道路危险货物运输经营者的投保义务。

【本条释义】

本条有两层意思：一是规定道路旅客运输和道路危险货运经营者投保承运人责任险的义务；二是规定承运人投保责任险的保险金额实行最低限额管理。经营者不但有投保承运人责任险的义务，而且其投保的保险金额不得低于规定的最低限额。

一、道路旅客运输、道路危险货运经营者的投保义务

道路旅客运输经营者有义务投保承运人责任险；道路危险货运经营者有义务投保承运人责任险。

依据本条，经营者有义务投保保险金额不低于规定的最低限额的承运人责任险。当然，如果某些经营者有能力或意愿，还可以自愿投保高于规定的最低限额的承运人责任险，或在购买本条规定的承运人责任险外，另行投保承运人责任险，以提高保障标准。

（一）道路客运承运人责任与责任险

本条所称"客运经营者"，指道路旅客运输经营者，包括班车客运、旅游客运和包车客运经营者。依据是《中华人民共和国道路运输条例》第三十五条。在责任保险中，客运经营者被称为道路客运承运人。

本条所称道路客运承运人责任，指道路旅客运输承运人对旅客的人身伤亡及行李损失后果依法应承担的民事赔偿责任。按照我国《中华人民共和国民法典》第八百二十三条和第八百二十四条的规定，客运合同承运人对接受运送服务的旅客人身伤亡承担无过错损害赔偿责任；对旅客随身携带的物品损失承担过错损害赔偿责任。

道路客运承运人责任险，指以承运人对旅客的人身伤亡和财产损失责任为保险标的的责任保险。按照规定，该项保险的投保实行最低限额制度。

（二）道路危险货运承运人责任与责任险

本条所称道路危险货运承运人责任，指道路危险货物的承运人对托运人的货物损失依法应承担的民事赔偿责任以及对第三者的人身伤亡及财产损失依法应承担的损害赔偿责任。按照《中华人民共和国民法典》第八百三十二条的规定，承运人对货物的损失承担无过错损害赔偿责任（违约责任）；依据《中华人民共和国民法典》第一千二百三十九条的规定，道路危险货物的承运人对危险货物造成他人损害的，应承担侵权责任。

本条所称道路危险货运承运人责任险包含两项保险，即货物责任险和第三者责任险。以发生危险货物损失而产生的赔偿责任作为保险标的的责任保险，称为货物责任险；以发生第三者人身伤亡或财产损失而产生的赔偿责任作为保险标的的责任保险，称为第三者责任险。按照规定，第三者责任险的投保实行最低限额制度；货物责任险的投保无最低限额要求。

二、承运人责任险的保险金额最低限额

本条所称投保承运人责任险的最低限额按照国家和本市规定执行，指本市对经营者投保承运人责任险实行最低限额制度，承运人投保的保险金额不得低于国家和本市规定的最低限额。

（一）责任险的最低限额

本条所称责任险的最低限额，指责任保险合同中约定的保险金额的最低限额。

依据我国《中华人民共和国保险法》的规定，保险金额，指保险人承担保险责任的最高限额。保险金额由保险合同当事人在合同中予以约定。为了充分保障第三者（受害人）通过保险赔偿获得损害补偿的机会，保险金额需要达到一定的额度，也就是将保险公司的赔偿金额提升到一定额度。但是，按照商业保险的运行机制，保险金额与保险费之间成正比例关系，即保险金额越高，保险费就越高。作为强制性责任保险，如果法律上不硬性规定保险金额的最低限度，承运人可能为减少一时的保费支出而选择投保较低额度的保险，从而使法律所欲保障第三者利益的立法目的落空。所以，强制性责任保险的立法按

照各国的惯例都会同时规定最低限额。当然，限额也不能过高，否则会加重承运人的财务负担。

（二）国家和本市规定的最低限额

2013 年，交通运输部和中国保险监督管理委员会（现为中国银行保险监督管理委员会）联合发布了《关于做好道路运输承运人责任保险工作的通知》（交运发〔2013〕786 号）；此外，交通运输部还发布了《关于建立以事故预防为导向的道路运输承运人责任保险新机制的通知》（交运发〔2014〕57 号）。上述通知规定：非农村班车、旅游和包车客运承运人责任保险每座人身伤亡责任限额不低于 50 万元；其他客运承运人责任限额不低于 40 万元；每车每次事故责任限额等于每座责任限额与该客车核定座位数（不含司乘人员）的乘积；道路危险货物运输承运人责任险货物损失部分（即货物责任险）的限额，由运输经营者根据运输货物实际价值与保险公司协商确定；第三者责任保险部分（即第三者责任险）的限额，根据《危险货物品名表（GB 12268）》的分类标准确定，其中运输第 1—8 类危险货物的车辆，每车每次事故责任限额不低于 100 万元；运输第 9 类危险货物的车辆，每车每次事故责任限额不低于 50 万元；以上各类运输危险货物的车辆，每次事故每人人身伤亡责任限额不低于 40 万元。

目前，我市从事道路旅客运输经营和道路危险货物道路运输的，均应按照该规定（交运发〔2013〕786 号和交运发〔2014〕57 号）执行。

第六十条　道路运输和道路运输相关业务的经营者应当依法向道路运输机构填报营运或者经营统计报表。

【本条主旨】

本条规定了道路运输和道路运输相关业务经营者报送统计报表的义务。

【本条释义】

依照本条，道路运输和道路运输相关业务的经营者有义务按照道路运输机构的要求填报营运或者经营统计报表。

一、道路运输和道路运输相关业务的经营者

按照《公路水路交通运输企业一套表统计调查制度》（交通运输部制定，国家统计局 2022 年 12 月批准）和《道路运输统计调查制度》（交通运输部制定，国家统计局 2022 年 10 月批准）的规定，为准确、及时、全面了解全国道路运输业发展情况，满足各级政府及交通主管部门制定行业政策和发展规划的需要，交通运输部或交通运输部运输服务司统一组织，分级实施，由各级交通运输主管部门负责数据的审核和上报。统计的范围包括：从事道路旅客运输、道路货物运输和道路运输相关业务（包括站场经营、机动车维修经营、机动车驾驶员培训、汽车租赁等）的经营业户，以及巡游出租客运企业（包括法人企业和非法人企业）。

因此，本条所称道路运输和道路运输相关业务的经营者，指从事道路旅客运输、道路货物运输、出租汽车客运、道路旅客运输站、道路货物运输站（场）、机动车维修、机动车驾驶员培训、汽车租赁的经营者。

二、统计报表

按照规定，统计报表指反映道路旅客运输、道路货物运输、道路运输相关业务的经营业户、从业人员以及维修驾驶培训行业的生产情况、通达农村的客运情况、班线运输情况和国际道路运输情况的报表，包括年报和半年报。年报调查对应上一年度 1 月 1 日至 12 月 31 日的统计数据，半年报调查对应当年 1 月 1 日至 6 月 30 日的统计数据。报表的格式应当符合《公路水路交通运输企业一套表统计调查制度》和《道路运输统计调查制度》的规定。

依据本条规定，道路运输机构有权依法要求经营者披露上述营业信息。当然，未来可能以经营者向道路运输机构开放信息系统来承担经营者报送统计报表的制度功能。

三、违反义务的法律后果

违反本条，适用本条例第八十四条予以处罚。

第六十一条　道路运输和道路运输相关业务的经营者取得经营许可证后，因条件发生变化等原因不再具备规定的经营条件或者从业条件的，应当到道路运输机构办理相应的注销手续。

道路运输和道路运输相关业务的经营者取得经营许可后无正当理由超过一百八十日不投入运营或者运营后连续一百八十日以上停运，或者道路运输车辆逾期未进行年度审验超过一百八十日的，视为自动终止经营，由原许可机关收回并注销相应的道路运输经营许可证件、道路运输证件。

【本条主旨】

本条是关于道路运输及道路运输相关业务经营许可证注销制度的规定。

【本条释义】

本条通过规定许可证注销制度，构建道路运输及道路运输相关业务经营的市场退出机制，包括自愿退出和强制退出。有两层意思：一是取得许可的经营者自愿退出市场，应当向道路运输机构申请办理注销手续；二是经营者的行为构成视为自动终止经营的，交通主管部门应当注销相关许可证件，即强制退市。

一、经营者申请注销许可证的义务

本条第一款规定了经营者的退市义务。其基本意思是，被许可的经营者不再具备道路运输行政许可条件的，有义务申请注销。本款规范的对象是已经取得许可证的道路运输及相关业务经营者，包括：道路客运、道路货运、出租汽车客运、道路客运站的经营者以及取得从业资格证的人员。

经营者申请注销的理由是：不再具备规定的经营条件或者从业条件的，当然，具备条件自愿退市的，也可申请注销。许可管理，不仅要求经营者入市时须具备规定的条件，而且要求经营者入市后持续保持规定的经营条件。当经营者不再具备规定条件时，应当退出市场。依据国家许可管理规定和本条，许可管理包括入市和退市管理。因此，本条第一款要求退市的经营者办理许可的注销手续。

二、经营者被视为自动终止经营的许可证注销

本条第二款设立了视为自动终止经营的许可证注销制度。行政相对人是已经取得许可证的道路运输经营者（包含网络预约出租汽车车辆所有人）。该项注销制度属于依职权注销，即交通主管部门对出现本款规定情形的经营者依据职权予以注销许可证，不以经营者的申请为前提。本款要求交通主管部门行使注销职权，须确认出现本款规定的法律事实，即经营者的行为符合视为自动终止经营的条件。

（一）视为自动终止经营

本条所称"视为自动终止经营"，指法律拟制的自动终止经营，非事实上的经营者自动终止经营。也就是说，经营者自身并不一定有永久停止经营、退出市场的意思，但法律上可以作为自动终止经营进行处理。

（二）视为自动终止经营的事实

依据本条，视为自动终止经营的事实包括以下三种情形：一是取得经营许可后无正当理由超过一百八十日不投入运营；二是运营后连续一百八十日以上停运；三是道路运输车辆逾期未进行年度审验超过一百八十日。

（三）道路危险货运经营中不视为自动终止经营的正当理由

适用本条第二款规定中的第一种视为自动终止经营的情形，即处理取得经营许可后无正当理由超过一百八十日不投入运营的行为时，应当注意考量道路危险货物运输经营中可能存在不能视为自动终止经营的正当理由。

正当理由，如道路危险货物运输经营者在取得许可证后尚不具备许可经营的实质条件且未超过一年的承诺期限。此处所称不具备许可经营的"实质条件"包括三种情形：一是取得经营许可时提交了拟投入专用车辆、设备承诺书，但尚未购置专用车辆、设备；二是取得经营许可时提交了拟聘用承诺书，但尚未聘用专职安全管理人员、驾驶人员、装卸管理人员、押运人员；三是取得经营许可时提交了上述两项承诺书但均尚未完全履行该承诺，落实车辆、人员等事项。

按照《道路危险货物运输管理规定》第十条的规定，我国道路

危险货物运输经营的行政许可申请可以部分承诺。即申请时申请人如果尚未具备许可经营的实质条件，如落实专用车辆、专职安全管理人员、驾驶人员等，只需签署并提交到期满足经营所需实质条件的承诺书，道路运输机构就可以予以许可。但是，这种"承诺制"只是为了便利经营者快速完成许可手续的申请和取得许可批准。道路危险货物运输经营者实际开始经营时仍必须满足许可经营的所有实质条件，即必须在购置专用车辆、聘用驾驶员到位之后才能开展道路危险货物运输经营活动。因此，尚未具备许可经营的实质条件且承诺期限未届满可以成为经营者在取得许可证后超过一百八十日不投入运营的正当理由。

关于许可申请材料中的承诺事项和期限问题，《道路危险货物运输管理规定》第十条第四项和第五项有如下规定：（四）证明专用车辆、设备情况的材料，包括未购置专用车辆、设备的，应当提交拟投入专用车辆、设备承诺书，承诺期限不得超过一年；（五）拟聘用专职安全管理人员、驾驶人员、装卸管理人员、押运人员的，应当提交拟聘用承诺书，承诺期限不得超过一年。

按照《道路危险货物运输管理规定》第十四条第三款的规定，被许可人未在承诺期限内落实专用车辆、设备的，原许可机关应当撤销许可决定，并收回已核发的许可证明文件。由此可见，对通过签署承诺书取得许可的道路危险货物运输经营者，在承诺期限届满前如果因未落实专用车辆等理由而未投入运营的，原许可机关不能将其视为自动终止营业，从而收回并注销相应的道路运输经营许可证件、道路运输证件。

（四）年度审验

本条第二款所称年度审验，指车辆"运营安全年度审验"，又称"营运车辆年度审验"，不是机动车年度检验。

（五）经营许可证注销的原因、类型与程序

道路运输和道路运输相关业务的经营许可证的注销，指经营者因为出现法律法规规定的原因而被许可机关终止其原被许可业务经营资格的行政行为。

本条规定的注销的法定原因包括：经营者自动终止许可经营；经营者被依法视为自动终止经营。基于不同的注销原因，可以将本条所规定的注销划分为两种类型，即依申请注销与依职权注销。本条第一款所规定的注销，属于依申请注销；本条第二款所规定的注销，属于依职权注销。

实施不同类型的注销行政行为，需遵循不同的行政程序。

依申请注销的行政程序可以分为以下几个基本步骤：第一，申请，即经营者依法提出符合规定的终止许可经营的书面形式申请书。第二，受理，即符合注销手续的申请，道路运输机构应当及时受理申请。第三，审查，道路运输机构审查申请人是否符合本条第一款所规定的注销的原因，即是否属于"经营者取得经营许可证后，因条件发生变化等原因不再具备规定的经营条件或者从业条件"的情形。第四，注销与公告，交通主管部门决定注销的，应当依法收回许可证件，并注销该经营者的许可经营资格；同时，按照规定进行公示，如在交通主管部门的官网上以交通主管部门的名义公告注销信息。

依职权注销的行政程序可以分为以下几个基本步骤：第一，取证，原许可机关收集符合本条第二款规定的"视为自动终止经营"的事实证据。第二，通知与申辩，原许可机关告知经营者拟被注销许可的基本信息，如通过手机短信或者发布公告的形式通知经营者，通知中应当明确申请人可以提出书面形式的申辩及相关事实证据的合理期限。第三，审查，原许可机关对收到的书面申辩及相关事实证据予以审查，确认申辩人是否符合本条第二款所规定的"视为自动终止经营"的情形；当事人未提出申辩的，在通知之后的合理期限经过后，直接实施第四步操作。第四，注销与公示，即经营者符合"视为自动终止经营"的或者在申辩期限内未提交书面申辩的，原许可机关应当依法收回许可证件，办理注销许可证件的手续；同时，按规定进行注销许可证件的公示。

第五章　监督检查

本章说明：本章规定对相关机构的监督指导、对经营者及从业人员的信用管理、交通运输综合行政执法机构享有的检查职权、执法人员应遵守的行为规范、执法机构可以采取的行政强制措施和投诉举报制度建设。

第六十二条　市、区县（自治县）人民政府应当组织交通、公安等部门建立联合执法机制，依法查处道路运输非法营运等行为，维护道路运输市场秩序。

公安机关与交通、文化旅游等部门应当建立营运车辆违法行为及驾驶员交通安全事故信息共享机制，为道路运输经营者、驾驶员、教练员提供查询服务。

【本条主旨】

本条规定了政府的联合执法机制和部门的信息共享机制。

【本条释义】

本条分两款，有两层意思：一是市、区县（自治县）人民政府建立联合执法机制的职责；二是公安机关与交通等部门建立信息共享机制职责。

一、联合执法机制

本条第一款要求市、区县（自治县）两级人民政府建立多部门联合执法机制。联合执法的组成包括但不限于公安机关、交通主管部门。联合执法的工作目标是：查处非法营运，维护道路运输市场秩序。

本条所称非法营运，是指没有依法取得营运权而实施营运行为，包括行为人在未取得交通主管部门核发的道路运输的营运证件、所持有的营运证件已经失效或者超越许可核定范围的情形下，实施依法实行许可管理的道路运输或道路运输相关业务的经营行为。非法营运的法律性质是违反道路运输或道路运输相关业务经营的行政许可制度，如未取得巡游出租汽车经营许可而从事巡游出租汽车经营。

查处非法营运，是维护道路运输市场秩序的必然要求。《中华人民共和国道路运输条例》《重庆市道路运输管理条例》《无照经营查处取缔办法》《道路运输管理工作规范》《道路货物运输及站场管理规定》《道路旅客运输及客运站管理规定》《巡游出租汽车经营服务管理规定》《转发国务院法制办关于明确对未取得出租车客运经营许可擅自从事经营活动实施行政处罚法律依据的复函的通知》等法规、规章和政策文件均要求对非法营运依法予以查处。

二、跨部门信息共享机制

本条第二款要求公安、交通、文化旅游等部门建立信息共享机制。跨部门的信息共享包括但不限于公安机关、交通主管部门、文化和旅游部门。跨部门共享的信息包括：营运车辆违法行为；驾驶员交通安全事故信息。共享的信息机制不仅应满足相关部门的行政管理工作需要，也应服务于道路运输经营者、驾驶员、教练员，即为他们提供查询服务。

政务信息资源，根据国务院发布的《政务信息资源共享管理暂行办法》，是指政务部门在履行职责过程中制作或获取的，以一定形式记录并保存的文件、资料、图表和数据等各类信息资源，包括政务部门直接或间接通过第三方依法采集的、依法授权管理的以及因履行职责需要依托政务信息系统形成的信息资源等。

政务信息资源共享应遵循以下原则：①以共享为原则，不共享为例外。各政务部门形成的政务信息资源原则上应予共享，涉及国家秘密和安全的，按相关法律法规执行。②需求导向，无偿使用。因履行职责需要使用共享信息的部门提出明确的共享需求和信息使用用途的，共享信息的产生和提供部门应及时响应并无偿提供。③统一标准，统筹建设。按照国家政务信息资源相关标准进行政务信息资源的采集、存储、交换和共享工作，坚持"一数一源"、多元校核，统筹建设政务信息资源目录体系和共享交换体系。④建立机制，保障安全。联席会议统筹建立政务信息资源共享管理机制和信息共享工作评价机制，各政务部门和共享平台管理单位应加强对共享信息采集、共享、使用全过程的身份鉴别、授权管理和安全保障，以确保共享信息安全。

本条所称查询服务，主体是建立信息共享机制的各部门，包括交通主管部门、公安机关、文化旅游等部门。从道路运输管理体制的角度看，参与信息共享的单位，不限于交通主管部门，实际还包括交通主管部门下属的道路运输机构和交通运输综合行政执法机构。

至于提供服务的对象，本条明确为道路运输经营者、驾驶员、教练员。这里所说的驾驶员，应指从事道路运输经营活动的驾驶员，而非所有机动车驾驶员。

第六十三条　市、区县（自治县）交通主管部门对所属道路运输机构、交通运输综合行政执法机构，上级道路运输机构、交通运输综合行政执法机构对下级道路运输机构、交通运输综合行政执法机构实施的道路运输管理有关工作，应当加强监督和指导。

【本条主旨】

本条规定了交通主管部门与所属机构之间的工作关系。

【本条释义】

交通主管部门与下属道路运输机构、交通运输综合行政执法机构是领导与被领导关系，交通主管部门享有领导权，具体为决定权和监督权。市级道路运输机构与区县（自治县）道路运输机构是指导与被指导关系，上级对于下级的业务有监督和指导权。市级交通运输综合行政执法机构与直属的下级综合行政执法机构是领导与被领导关系，对区县（自治县）交通运输综合行政执法机构是指导与被指导关系，均享有执法业务的监督和指导权，二者的区别是市交通运输综合行政执法机构对直属的下级交通运输综合行政执法机构还有人财物的管理权，对区县（自治县）交通运输综合行政执法机构则无上述权限。

一、交通主管部门与所属机构的工作关系

交通主管部门作为道路运输管理工作的组织领导者，对其所属的道路运输机构、交通运输综合行政执法机构有行政隶属上的上下级关系，是法定的管理和被管理的关系。交通主管部门对所属的道路运输机构、交通运输综合行政执法机构实施的道路运输管理工作的监督和指导；既包括从宏观上、政策上和组织上的监督指导，也包括微观上对具体管理行为的指导监督。主要体现为主管部门对所属机构贯彻执行国家有关道路运输管理的法律、法规、政策的监督指导；对队伍建设、管理，业务水平、业务素质的监督指导等。

二、道路运输机构系统和交通运输综合行政执法机构系统的内部关系

上级道路运输机构、上级交通运输综合行政执法机构有权分别对下级道路运输机构、下级交通运输综合行政执法机构的道路运输管理有关工作进行监督和指导。

实施道路运输管理相关工作的机构不属于垂直管辖或双重管辖范围，原则上只能由属地的交通主管部门对所属的道路运输机构和交通运输综合行政执法机构进行监督和指导。但是为了促进各层级道路运输机构和交通运输综合行政执法机构相互协作，完善道路运输管理事前、事中、事后各环节的相互衔接，系统性推进道路运输管理工作，本条赋予上级道路运输机构、交通运输综合行政执法机构对下级道路运输机构、交通运输综合行政执法机构在道路运输管理工作上的监督和指导权。但是该监督指导权与具有行政隶属上下级关系的监督指导权应有区别，其监督指导的范围仅限于对于道路运输经营、道路运输相关业务的行政管理行为。监督权行使的主要方式为对具体行政行为的合法性、合理性进行抽查，并将抽查结果进行通报，强化监督权约束力。指导工作主要包括对具体行政行为法律适用的指导，对法律、法规、政策理解的指导，对业务能力提升的培训等方面的指导。

第六十四条 市交通主管部门应当加强道路运输信用管理。市、区县（自治县）道路运输机构应当定期组织实施道路运输信用评价，对评价结果进行动态调整，并将信用信息和评价结果向社会公布，同步推送至重庆市公共信用信息平台。

道路运输和道路运输相关业务经营者被认定为严重失信主体的，应当依照国家有关规定将其法定代表人、主要负责人、实际控制人和其他负有直接责任的人员纳入失信记录，推送至重庆市公共信用信息平台。

因多次严重超限运输、不符合国家安全技术标准、非法改装、未经许可擅自进行客运经营或者危险货物运输，被纳入道路运输重点监管名单的车辆，高速公路经营者可以拒绝其驶入高速公路。

【本条主旨】

本条是关于信用管理和营运车辆纳入重点监管名单管理及其禁入高速公路的规定。

【本条释义】

本条分三款，共三层意思：一是规定了交通主管部门及道路运输机构在信用管理中的职责；二是规定了严重失信主体的责任人应当被纳入失信记录；三是规定了营运车辆可以被纳入道路运输重点监管名单的条件和高速公路经营者拒绝被纳入重点监管名单的车辆驶入高速公路的权利。

一、交通主管部门及道路运输机构信用管理职责

本条第一款，要求市交通主管部门加强信用管理，同时明确市和区县（自治县）两级道路运输机构负责具体工作。道路运输机构的具体任务包括：定期组织实施信用评价；动态调整评价结果；公示信用信息和评价结果；推送信用信息和评价结果。

信用评价，指道路运输机构按照规定的指标体系、分值、等级和程序，依法对道路运输经营者经营行为和道路运输从业人员从业行为作出的综合评价。按照《重庆市道路运输信用管理实施细则》（渝交规〔2023〕15号）第七条的规定，道路运输经营者的信用评价，指经营者经营管理、安全生产、服务质量和社会责任等方面的综合评价。道路运输从业人员信用评价，则是指从业人员在从事道路运输活动中，违反有关法律、法规、规章和规范性文件规定，经相应机关作出行政处罚（处理）决定，信用评价分值所形成的不良行为记录。评价的方式包括年度评价和动态调整。

二、严重失信主体的责任人应当被纳入失信记录

本条第二款设立严重失信主体责任人的信用管理制度，包括：将严重失信主体的责任人纳入失信记录；将该失信记录推送至市公共信用信息平台。被纳入的责任人包括四类：法定代表人；主要负责人；实际控制人；其他负有直接责任的人员。

实际控制人，按照交通运输部《道路运输企业主要负责人和安全生产管理人员安全考核管理办法》第三条第二款的规定，指法定代表人之外，对道路运输企业或其分支机构的日常生产经营活动和安全生产工作全面负责、有生产经营决策权的人员。

三、营运车辆可以被纳入道路运输重点监管名单的条件

依据本条，交通行政主管部门应当建立车辆重点名单监管机制，依法将存在多次严重违法营运行为的车辆纳入重点监管名单进行管理。

依据本条，投入道路运输的车辆多次出现以下五类违法行为的，交通主管部门应当将其纳入车辆重点监管名单：

1. 严重超限运输。

2. 不符合国家安全技术标准。

3. 非法改装。

4. 未经许可擅自进行客运经营。

5. 未经许可擅自进行道路危险货物运输。

目前，结合本市道路运输安全生产管理实际，纳入重点监管名单的车辆还应当具备以下事实：①违法行为累计达到三次及以上，不限于同类违法行为。②违法行为已经被逐一依法查处。③违法行为均发生在一个年度内，从2022年1月1日起算，按自然年计算。

本条所称未经许可擅自进行客运经营，指未经许可擅自进行道路旅客运输经营、公共汽车客运、或出租汽车客运经营（含假冒巡游出租汽车进行经营）。

四、高速公路经营者可以拒绝重点监管名单内的车辆驶入高速公路

本条第三款还规定了高速公路经营者有权拒绝被列入重点监管名单的车辆驶入高速公路。该规范的立法目的是遏制危害后果较重的违法行为，维护道路运输安全。

五、本条款的适用

本条规定相对于《重庆市公共汽车客运条例》第五十条，具有优先适用于重庆市公共汽车客运经营者及其从业人员管理的效力。

《重庆市道路运输信用管理实施细则》第二条第二款规定："本实施细则所称的道路运输和道路运输相关业务经营者（以下简称道路运输经营者）是指在本市经营的道路旅客运输经营者、道路货物运输经营者（含普通货运和危险货运经营者）、出租汽车经营者（含巡游出租汽车和网络预约出租汽车经营者）、公共交通经营者（含公共汽车客运和城市轨道交通营运经营者）、机动车维修经营者、机动车驾驶员培训机构、道路旅客运输站和汽车租赁经营者等。"此规定明确了重庆市公共汽车客运与其他道路运输经营统一适用道路运输信用管理。

第六十五条 交通运输综合行政执法机构应当严格按照职责权限和程序，对道路运输和道路运输相关业务经营者、驾驶员的运输经营行为、运输车辆技术状况等情况进行监督检查；应当重点在道路运输以及相关业务经营场所、道路、客货集散地、公路收费站区、高速公路服务区进行监督检查。

【本条主旨】

本条是关于道路运输执法机构的监督检查工作方式的规定。

【本条释义】

本条有两层意思：一是要求执法机构按职责和程序实施监督检查；二是明确重点监督检查的场所。

一、按职责和程序实施监督检查

本条在要求执法机构监督按程序履行检查职责的同时，还明确了监督的相对人和检查事项。

（一）执法机构

本条规定的开展监督检查执法机构，是指根据本条例第五条第三款所规定的市、区县（自治县）交通主管部门所属的负责本行政区域内道路运输管理具体执法工作的交通运输综合行政执法机构。

（二）职责权限与程序

本条所称的"职责权限"，是指交通运输综合行政执法机构及其执法人员实施道路运输监督检查的职责权限，具体来说就是本条例第六十五条至第九十条规定的职责权限

本条所称的"程序"，是指道路运输经营活动监督检查程序，交通运输综合行政执法机构及其执法人员从事道路运输经营活动监督检查，应当符合《中华人民共和国行政处罚法》《中华人民共和国行政强制法》《交通运输行政执法程序规定》等法律法规规章中的相关规定。

（三）相对人和事项

检查的相对人包括道路运输和道路运输相关业务经营者及其从业人员。

检查的事项以运输经营行为、运输车辆技术状况为重点，但并不仅限于前两项事项。

本条所称"运输经营行为"，是指道路旅客运输、道路货物运输、出租汽车客运、道路运输站场、机动车维修、机动车驾驶员培训和汽车租赁经营活动。

本条所称"运输车辆技术状况"，是指运输车辆达到保证运输活动安全、有序地进行符合各项技术性能和完好程度的规定的情况。

二、重点监督检查场所

依据本条，交通运输综合行政执法机构应当重点在道路运输以及相关业务经营场所、道路、客货集散地、公路收费站区、高速公路服务区进行监督检查。

道路运输以及相关业务经营场所，是指道路运输经营者、道路运输相关业务经营者从事道路运输经营、道路运输相关业务经营的场所，包括车站、驾驶员培训场所、车辆维修厂等主要经营活动场所。

客货集散地，是指旅客、货物集中或者疏散的地方，如火车站周围、港口码头周围、商品批发市场周围等。

公路收费站区，是指公路收费站及出口临时停车区域。

高速公路服务区，是指高速公路封闭区内设置的停车场、公共厕所、加油站、车辆修理点等供乘客和司机停车、加油、休息、就餐的场所。

第六十六条　交通运输综合行政执法机构实施监督检查时，可以向有关单位和个人了解情况，查阅、复制有关资料，但应当保守被调查单位和个人的商业秘密。

被监督检查的单位和个人应当接受依法实施的监督检查，如实提供有关资料或者情况。

【本条主旨】

本条规定了交通运输综合行政执法机构实施执法检查的权限和被检查人的义务。

【本条释义】

本条分两款，有两层意思：一是明确执法机构的检查权限和保密义务；二是明确相对人接受检查的义务。

一、检查权力和保密义务

依据本条，交通运输综合行政执法机构实施监督检查的具体权限是：向有关单位和个人了解情况；查阅资料；复制资料。

这里所说的"有关资料"是指与道路运输监督检查内容直接有关的资料，包括账簿、单据、凭证、文件、证件以及其他相关资料。

本条所称"商业秘密"，是指不为公众所知悉、具有商业价值并经权利人采取相应保密措施的技术信息和经营信息。

二、相对人接受检查的义务

依据本条，相对人接受检查的义务具体表现为：如实提供有关资料；如实介绍情况，回答询问。

所谓如实，就是指符合实际情况，没有虚假。相对人提供的资料和情况必须是真实的，不得谎报、漏报、错报，不得拒绝提供或者伪造、转移、隐匿或者销毁有关资料。

为保证被监督检查的单位和个人提供的有关资料或者情况的真实性，在了解有关情况时，应当分别进行，并告知其作伪证的法律责任。制作《询问笔录》应经被询问人审核，并由询问人和被询问人签名或捺印。在复制有关资料时，应在复制件上注明"经核对与原件一致"的字样并注明出具日期、证据来源，并由被调查对象或者证据提供人签名或者盖章。若被调查对象或者提供者拒绝签名或者盖章，由提取者在复制件上注明情况，同时通过视听资料或者见证人签名予以佐证。

第六十七条 交通运输综合行政执法人员在道路及道路运输站（场）等地实施监督检查时，应当有二名以上人员参加，并出示统一的行政执法证件。交通行政执法专用车应当设置统一的交通运输综合行政执法标识和示警灯。

【本条主旨】

本条规定了执法程序。

【本条释义】

本条有三层意思：一是要求有两人以上执法人员参与执法；二是要求亮证执法；三是执法专用车合规。

一、两人以上参与执法

本条中所指的"二名以上"，包括本数，即二名或者多于二名。如果只有一名执法人员或者一名执法人员带领一名交通辅助人员，则不能开展监督检查。

本条中所指的"人员"，是指交通运输综合行政执法机构的行政执法人员，不是其他人员。而且这些人员应当是接受专门的法制和道路运输管理业务培训并参加统一执法资格考试，获得执法证件，具有执法资格的人员。

二、执法证件与出示

本条中所指的"执法证件"，是指通过法制培训，参加统一组织的执法证件考试并合格，取得由交通运输部或本市统一颁发的盖有行政执法专用章的有效行政执法证件。

本条所规定的"出示"，是指向监督检查的对象展示行政执法证件。

三、执法专用车合规

依据本条，交通行政执法专用车应当设置统一的交通运输综合行政执法标识和示警灯。设置统一的交通运输综合行政执法标识和示警灯，既是交通运输综合行政执法"四基四化"建设的要求，也是不断提升良好形象的需要。

第六十八条 交通运输综合行政执法机构可以通过监控设施设备、汽车行驶记录仪、卫星定位系统等，收集证据，固定有关违法事实，依法对违法行为予以处理、处罚。

【本条主旨】

本条是关于电子证据和非现场监管的规定。

【本条释义】

本条有两层意思：一是授权执法机构使用监控设施设备、汽车行驶记录仪、卫星定位系统等电子监控设备对违法行为进行取证；二是要求执法机构依法处理、处罚通过电子监控设备发现的违法行为，即进行非现场监管。

值得注意的是，尽管电子证据具有证据资格，但是执法机构须确保用于取证的监控设备合法；提取、使用电子证据必须符合相关证据规则；对违法行为进行处罚也须符合法律规定和法定程序。例如，2021年新修订的《中华人民共和国行政处罚法》第四十一条规定："行政机关依照法律、行政法规规定利用电子技术监控设备收集、固定违法事实的，应当经过法制和技术审核，确保电子技术监控设备符合标准、设置合理、标志明显，设置地点应当向社会公布。电子技术监控设备记录违法事实应当真实、清晰、完整、准确。行政机关应当审核记录内容是否符合要求；未经审核或者经审核不符合要求的，不得作为行政处罚的证据。行政机关应当及时告知当事人违法事实，并采取信息化手段或者其他措施，为当事人查询、陈述和申辩提供便利。不得限制或者变相限制当事人享有的陈述权、申辩权。"

一、授权使用电子监控设备取证

依据本条，执法机构可以使用的电子监控设备包括但不限于以下三种：

（一）监控设施设备

监控设施设备，是指根据政府出台的道路运输企业车载智能视频监控报警技术应用相关的指导意见，实时管理"两客一危"和公交企业运输活动的车载专用设备。使用该设备实施管理的主要方式有运用大数据集中监控、联合联盟、第三方托管、风险管理等。

（二）汽车行驶记录仪

汽车行驶记录仪，又称汽车黑匣子，指对车辆行驶速度、时间、里程以及有关车辆行驶的其他状态信息进行记录、存储并可通过接口实现数据输出的数字式电子记录装置。本条所称汽车行驶记录仪，指符合国标 GB/T 19056—2012 的汽车电子设备。该设备主要运用于：

（1）还原违法事件经过。查处违法行为时，通过记录仪提供证据记录材料，通过车内的 DVD、手机等载体进行回播画面，确定违法事实。

（2）查处疲劳驾驶。行车记录仪监督司机的驾车行驶时间，作为查处疲劳驾驶的直接证据。

（三）卫星定位系统

卫星定位系统须符合交通运输部《道路运输车辆卫星定位系统车载终端技术要求》（JT/T 794—2011）、《道路运输车辆卫星系统车载终端通讯协议及数据格式》（JT/T 808—2011）所规定的标准。其主要发挥以下功能：

（1）车辆跟踪

利用 GPS 和电子地图可以实时显示出车辆的实际位置，并可任意放大、缩小、还原、换图；可以随目标移动，使目标始终保持在屏幕上；还可实现多窗口、多车辆、多屏幕同时跟踪。利用该功能可对重要车辆和货物进行跟踪运输。

（2）提供出行路线规划和导航

提供出行路线规划是汽车导航系统的一项重要的辅助功能，它包括自动线路规划和人工线路设计。自动线路规划是由驾驶者确定起点和目的地，由计算机软件按要求自动设计最佳行驶路线，包括最快的路线、最简单的路线、通过高速公路路段次数最少的路线的计算。人工线路设计是由驾驶员根据自己的目的地设计起点、终点和途经点等，自动建立路线图。线路规划完毕后，显示器能够在电子地图上显示设计路线，并同时显示汽车运行路径和运行方法。

（3）信息查询

为用户提供主要目标，如旅游景点、宾馆、医院等数据库，用户能够在电子地图上显示其位置。同时，监测中心可以利用监测控制台对区域内的任意目标所在位置进行查询，车辆信息将以数字形式在控制中心的电子地图上显示出来。

二、非现场监管

非现场监管，指的是行政机关通过监控系统或信息技术手段采集、记录来获取违法证据，并依法采取相应监管措施的行为，包括对违法行为进行处理或处罚。

交通运输综合行政执法机构在实施非现场监管中，依托监控系统等技术手段收集证据，并对违法行为人予以处罚，应当符合法律、行政法规的规定和证据规则的要求。按照《中华人民共和国行政处罚法》第四十一条的规定，执法机关应当严格履行证据审核和保障当事人合法权益的程序。一方面，用于证明违法行为的事实证据应当按照法定的标准实施两个维度的审核，即法制审核和技术审核，未经审核或审核不符合标准的，均不得作为认定违法行为存在的证据；另一方面，运用证据作出行政处罚决定前，应当履行告知义务，提供查询服务，充分尊重当事人的陈述权和申辩权。值得注意的是，充分尊重当事人的陈述权和申辩权，不仅可以维护当事人合法权益，还可以保障依法行政，避免错误执法。

非现场监管不同于现场执法，执法人员不需出现场，而借助于互联网、大数据等技术手段实施监管，一般表现为远程监管、移动监管、预警防控。与现场执法相比，非现场监管范围广、查获效率高、工作时间长、有利于减少执法纠纷与矛盾。非现场监督不受地理位置、时间和天气的影响，即使在没有执法人员执勤的地方，仍可实现远程实时监控，管理的死角和盲区能够得以有效消除。当然，执法机构也应当注意依法实施非现场监管，遵守依法行政的原则。

第六十九条 对拒不接受现场检查、无证经营、在限期内拒不到指定机构接受调查处理的，交通运输综合行政执法机构可以扣押机动车辆或者设施设备，出具扣押凭证，并责令其限期到指定机构接受调查处理。

逾期不到指定机构接受调查处理的，交通运输综合行政执法机构可以依法作出处理决定；当事人无正当理由不履行处理决定的，也不申请行政复议或者提起行政诉讼的，可以依法拍卖扣押机动车辆或者设施设备。所得价款扣除拍卖费用、滞纳金和罚款后，余款退还当事人，不足部分依法予以追缴。

【本条主旨】

本条是关于行政强制措施和行政强制执行的规定。

【本条释义】

本条分两款，本条关于强制措施，有三层意思：一是规定了可以采取行政强制措施的三种具体情形，包括相对人拒不接受现场检查、相对人无证经营和相对人在限期内拒不到指定机构接受调查处理；二是规定了可以选择的具体措施，即可以扣押机动车辆，也可以扣押设施设备；三是规定了执法机构的义务和职责，包括出具扣押凭证和责令相对人限期到指定机构接受调查处理。

关于强制执行，有四层意思：一是规定了针对相对人逾期不接受调查的处理，即执法机构应当依法作出处理决定；二是规定了行政强制执行的条件，即相对人既无正当理由，又不在规定期限内履行处理决定，也不在法定期限内提起行政复议或行政诉讼；三是规定了强制执行的方法，即依法拍卖扣押机动车辆或者设施设备；四是规定了价款有余和价款不足的处理，即有剩余应退还，不足则继续追缴。

一、强制措施

本条第一款规定，执法机构可以扣押机动车辆或者设施设备。

（一）扣押与程序

扣押，是一种即时行政强制措施，指执法人员将机动车辆或设施设备暂时扣留。该措施的实施必须严格依照法律、法规规定的权限和条件。严格地说，还应当依照规定的程序来实施。一般而言，扣押机动车或设施设备应当按照下列程序进行：①制作扣押车辆或设施设备的凭证。应当出具市交通运输综合行政执法机构统一印制的道路运输车辆及设施设备的扣押凭证，并告知当事人作出扣押的事实、理由和依据、扣押期限及其享有的权利。②听取当事人的陈述和申辩。③复核当事人提出的事实、理由和依据；送达扣押车辆或设施设备的决定书，并告知当事人依法享有的权利。④实施扣押车辆或设施设备决定。⑤制作扣押车辆或设施设备的笔录。

（二）扣押机动车辆的前提条件

扣押机动车辆，应当具备以下两个前提条件：

一是被暂扣的车辆必须是交通运输综合行政执法机构的执法人员在实施道路运输监督检查过程中发现的。

二是执法中行政相对人出现拒不接受现场检查、无证经营、在限期内拒不到指定机构接受调查处理这三种不配合行政执法或违法经营的状况之一的情形。

本条所称拒不接受现场检查，包括以下情形：拒绝执法人员依法进入现场或介入某个环节、过程进行监督检查；对执法人员依法进行的监督检查不予配合、拖延、阻碍；躲避执法人员依法进行的监督检查；采取暴力、威胁方法阻挠执法人员依法行使监督检查职权；聚众干扰、破坏执法人员依法进行监督检查；其他拒绝现场检查的情形。

本条所称无证经营，指经营者使用没有《道路运输证》且无法当场提供其他有效证明的车辆从事道路运输经营，具体包括以下四种情形：①没有依法取得车辆营运证。②使用超过有效期限的车辆营运证。③使用通过非法转让、租借、伪造、变造等不正当手段获得的车辆营运证。④使用已经被吊销、注销的车辆营运证。

本条所称在限期内拒不到指定机构接受调查处理，是指涉嫌违法的当事人应当在规定的时间内到指定地点和机构接受调查处理，逾期不接受调查处理的，交通运输综合行政执法机构可以采取扣押机动车辆或设施设备的行政强制措施。

二、行政强制执行

本条通过规定执法机构"可以依法拍卖扣押机动车辆或者设施设备"，创设一项行政强制执行制度。

在一般情况下，如果需要对行政相对人实施强制执行，行政机关应当申请人民法院强制执行。但是，依据本条规定，在当事人无正当理由不履行处理决定，也不申请行政复议或者提起行政诉讼，且机动车辆和设施设备已被实施扣押的前提下，交通综合行政执法机构有权实施行政强制执行。本条规范上位法的依据，即我国现行的《中华人民共和国行政强制法》第四十六条赋予了行政机关在本条所规定的特定情况下的强制执行权。

第七十条 交通主管部门、道路运输机构和交通运输综合行政执法机构应当建立投诉、举报制度，公开举报电话、通信地址或者电子邮箱，受理投诉、举报。

交通主管部门、道路运输机构或者交通运输综合行政执法机构对受理的举报或者投诉应当在十五日内作出处理，并回复投诉、举报人。情况复杂的，应当在三十日内作出处理并回复。

【本条主旨】

本条规定了投诉举报制度。

【本条释义】

本条分两款，规定了两个事项：一是交通主管部门、道路运输机构和交通运输综合行政执法机构应当建立处理举报、投诉制度；二是规定投诉举报的处理期限。

一、投诉举报制度

本条第一款有三层意思：一是要求交通主管部门及其所属的道路运输机构和交通运输综合行政执法机构各自或统一建立投诉、举报制度；二是要求对外公开投诉、举报的联系方式，包括电话、信箱或电子邮箱；三是要求受理投诉和举报。

（一）举报

举报，是宪法和法律赋予公民对国家机关和国家机关工作人员进行监督的一项民主权利。社会组织和公民行使举报权，不仅是行使法律赋予的参与管理国家事务和监督国家工作人员的民主权利，还有利于通过举报维护其在道路运输方面的合法权益。

本条所称的举报，是指公民、法人和非法人组织对交通主管部门、道路运输机构和交通运输综合行政执法机构的工作人员滥用职权、徇私舞弊行为的检举控告。

（二）投诉

投诉，是指道路运输服务的客户针对经营者及其从业人员的违法行为向交通主管部门、道路运输机构和交通运输综合行政执法机构进行的告知行为。投诉是消费者维护自己合法权益的一种工具；受理消费者的投诉，是行政机关维护消费者合法权益的职责所在。

本条例第三十八条规定："机动车维修经营者应当在维修经营地悬挂机动车维修标志牌，公示主修车型的维修工时定额、维修工时单价、维修配件单价和投诉举报电话等信息，合理收费。"第十六条第一款规定："投入营运的巡游出租汽车应当符合下列条件：（一）技术管理、环保等标准符合规定；（二）标志顶灯、计价器、空车标志、车载智能终端符合规定；（三）车身颜色符合规定，并在规定位置喷印有行业投诉电话、行业编号，明示租价标志；（四）不得违反规定在车身内外设置、张贴广告和宣传品。"分别给接受机动车维修服务的客户和出租车乘客提供了投诉的机会。

（三）投诉、举报制度

本条规定交通主管部门、道路运输机构和交通运输综合行政执法机构建立投诉、举报制度的义务，且明确投诉、举报制度的部分构成规则。

投诉、举报制度，即处理投诉、举报的行为规则体系，主要表现为程序性规则。包括投诉举报的申请、受理、决定、回复等；明确投诉和举报的形式；明确管辖，即受理工作的具体部门和工作人员；明确处理期限和方法等。

（四）公开投诉举报的联系方式

依据本条第一款，有关单位应当公开投诉电话、书面通信或者电子邮箱。通过接听电话或者接收书信或者电子邮件的方式，受理投诉、举报。

二、投诉举报的处理期限

依据本条，投诉举报的处理期限分为两种。一般情况下，投诉处理期限为十五日，有关单位应在该期限内作出处理，并回复投诉、举报人；情况复杂的，投诉处理期限为三十日。有关单位应该在限期内作出处理并回复。

第六章　法律责任

本章说明：本章规定了行政相对人实施违反本条例规定的具体行为所应承担的法律责任和对失信的行政相对人的信用惩戒措施，还规定了有关部门工作人员、执法人员实施违法行为所应承担的法律责任。本章所规范的行政相对人包括道路运输和道路运输相关业务经营者、从业人员、其他单位和个人。本章各条所列的法律责任与本条例第二章至第五章所列各项强制性和禁止性规范具有对应关系。

第七十一条　违反本条例规定，客运班车有下列行为之一的，责令改正，对客运班车经营者，处一千元以上三千元以下罚款，并处违规车辆停运五日以上三十日以下；情节严重的，吊销客运标志牌：

（一）在高速公路封闭路段内上下乘客的；

（二）在途中滞留、甩客的；

（三）因特殊原因确需乘客换乘车辆，另收费用或者降低客车档次的。

【本条主旨】

本条规定了客运班车违反经营服务规范的法律责任。

【本条释义】

本条针对违反本条例第九条第二款和第三款规定的禁止行为设定行政处罚措施。本条有五层意思：一是明确处罚的相对人，即客运班车经营者；二是明确可处罚的违法行为，共有五项，即在高速公路封闭路段内上下乘客，在途中滞留，在途中甩客，换乘时另收费用，换乘时降低客车档次；三是明确了三种处罚措施，即罚款、停运和吊销客运标志牌；四是明确了处理方式，即实施罚款、停运处罚的同时，应当责令改正，罚款与停运实行并处；吊销客运标志牌系针对情节严重的违法行为而设定的处罚措施；五是明确了罚款额度和停运的期间，即罚款限于一千元以上至三千元以下，停运期间为五日以上三十日以下。

一、违反禁止在高速公路封闭路段上下旅客的处罚裁量

本条例第九条第二款规定禁止班车客运在高速公路封闭路段上下旅客。本条第一项对违反第九条第二款的违法行为规定了相应的处罚措施。

在高速公路封闭路段上下乘客引发交通事故、多次在高速封闭路段上下乘客以及被乘客投诉，可以认定为本条所称的"情节严重"。市交通主管部门制定有专门裁量基准。

二、违反禁止在途中滞留与甩客的处罚裁量

本条例第九条第三款规定，禁止班车客运在途中滞留或甩客。本条第二项对违反该规定的违法经营行为设置了相应的处罚措施。

班车客运经营者实施途中滞留、甩客行为，侵犯乘客基本权益。在制定裁量基准时应将滞留、甩客引发投诉或社会关注等现象作为从重处罚情节。多次实施滞留或甩客行为，或影响乘客人数众多，或滞留、甩客后不采取补救措施等，可以认定为情节严重。

三、违反禁止换乘车辆时另收费用或者降低客车档次的处罚裁量

本条例第九条第三款规定，由于车辆故障等特殊原因确需乘客换乘车辆的，应当及时调换，不得降低换乘客车档次，不得另收费用。

多次发生换乘时另收费用或多次降低客车档次的，可以视为本条所称"情节严重"。

四、本条关键性语词的解释

（一）本条中"以下"一词的法律含义

本条使用了"三千元以下罚款""三十日以下"的用语，分别表示罚款的额度上限和期限的上限。

（二）责令改正

责令改正，是一种行政处理决定，不是强制措施。具体来说，就是要求行政相对人纠正其非法状态。《中华人民共和国行政处罚法》第二十八条第一款规定："行政机关实施行政处罚时，应当责令当事人改正或者限期改正违法行为。"由此可见，针对违法行为，执法机构的任务不仅是处罚，而且包括纠正违法行为。

（三）吊销客运标志牌

吊销客运标志牌，实质是撤销客运班线特许经营行政许可。本条规定的吊销客运标志牌的处罚，系针对情节严重的违法行为的处理措施。具体违法行为包括四类：在高速公路封闭路段内上下乘客的；途中滞留的；途中甩客的；因特殊原因确需乘客换乘车辆，另收费用或者降低客车档次的。

第七十二条　违反本条例规定，投入营运的巡游出租汽车有下列情形之一的，责令改正，对巡游出租汽车客运经营者按照以下规定处罚：

（一）车身颜色、标志顶灯、计价器、空车标志、车载智能终端不符合规定，未在规定位置喷印行业投诉电话、行业编号、明示租价标志的，处五十元以上二百元以下罚款；

（二）巡游出租汽车驾驶员注册的服务单位与其所驾驶车辆的道路运输证上的单位不一致的，处二百元以上一千元以下罚款。

【本条主旨】

本条规定了巡游出租汽车经营者违反车辆管理规范的法律责任。

【本条释义】

本条针对巡游出租汽车经营者实施违反本条例第十六条第一款第二项、第三项和第十九条所规定的行为设定了行政处罚。本条有两层意思：一是经营者违反本条例第十六条第一款第二项或第三项，车身颜色和营运设施不符合规定，或者未在规定位置喷印营运标志等，应当处以罚款；二是经营者违反本条例第十九条，驾驶员注册单位与车辆运输证记载的单位不一致的，应当处以罚款。

一、巡游出租汽车营运标识和设施设备违反规定的处罚裁量

依据本条例第十六条第一款第二项和第三项的规定，投入运营的巡游出租汽车应安装符合规定的标志顶灯、计价器、空车标志、车载智能终端；其车身应当喷涂符合规定的颜色，并在规定位置喷印有行业投诉电话、行业编号，明示租价标志。

本条第一项对经营者违反上述两项规定的行为规定处罚措施。

经营者投入运营的巡游出租汽车如果存在车身颜色、标志顶灯、计价器、空车标志、车载智能终端不符合规定的事实，或存在未在规定位置喷印行业投诉电话、行业编号、明示租价标志的事实，由交通运输综合行政执法机构实施处罚。处罚措施是罚款。

罚款，指实施行政处罚的机关依照法律规定，强制违法行为人缴纳一定数额的货币从而依法损害或者剥夺违法行为人某些财产的一种处罚形式。罚款须考量经营者违法行为的情节。执法机构可以根据经营者实施违法行为的次数，分别在本条规定的罚款幅度内确定具体的金额。

二、驾驶员注册单位与《道路运输证》记载的单位不一致的处罚裁量

本条例第十九条规定："巡游出租汽车客运经营者应当到道路运输机构为驾驶员办理从业服务注册，注册的服务单位应当与其所驾驶车辆的《道路运输证》上的单位一致。巡游出租汽车驾驶员终止劳动合同或者经营合同的，巡游出租汽车客运经营者应当在二十日内到原注册机构申请注销注册。"

本条第二项针对经营者未履行本条例第十九条所规定的义务设定了罚款的处罚措施。

巡游出租车经营者聘用新驾驶员而未及时申请办理注册手续的，即构成经营者未履行第十九条所规定的义务。此外，驾驶员之间私自"代班"的，也可能构成经营者未履行第十九条所规定的义务。

针对经营者未履行第十九条所规定的义务而导致巡游出租汽车驾驶员注册的服务单位与其所驾驶车辆的《道路运输证》上的单位不一致的情形，交通运输综合行政执法机构应当作出责令改正的行政处理决定，同时根据违法行为的情节予以罚款。

第七十三条　违反本条例规定，有下列行为之一的，按照以下规定处罚：

（一）假冒巡游出租汽车的，责令停止经营，没收车辆、营运标识和设施设备，有违法所得的，没收违法所得；没有违法所得或者违法所得不足二万元的，处三万元以上十万元以下罚款；违法所得二万元以上的，处违法所得二倍以上十倍以下罚款。

（二）未取得网络预约出租汽车客运经营许可，从事平台服务的，责令停止经营，处二十万元以上五十万元以下罚款；未取得网络预约出租汽车运输证提供车辆服务的，处三千元以上一万元以下罚款；未取得网络预约出租汽车驾驶员证提供驾驶服务的，处二百元以上二千元以下罚款。

【本条主旨】

本条规定了行为人违反出租汽车经营许可管理制度的法律责任。

【本条释义】

本条针对违反出租汽车许可管理的行为设定了处罚。应受处罚的具体行为是：行为人以假冒巡游出租汽车的方式实施的经营行为；平台公司或提供车辆服务的人或驾驶人员违反网络预约出租汽车许可证件管理的行为。

一、对假冒巡游出租经营行为的处罚

本条例第十四条和第十七条分别规定了巡游出租汽车实行特许经营制和禁止假冒巡游出租汽车行为。

本条第一项针对违反本条例第十四条和第十七条规定，且构成假冒巡游出租汽车经营的行为规定了具体处罚措施。

（一）责任主体

本条第一项规定的承担行政责任的主体，指未取得巡游出租汽车客运许可，但假冒巡游出租汽车从事客运活动的行为人，包括单位和个人。

（二）违法行为的构成

本条所称假冒巡游出租汽车，包括两种类型：一是行为人有部分混淆或仿冒巡游出租汽车情形，并且有揽客、运输、收费等经营行为；二是行为人克隆巡游出租汽车（含自我克隆），并上道路行驶。

没有取得巡游出租汽车经营许可，是认定假冒巡游出租汽车的必要前提条件。所谓"没有取得许可",包括四种具体情形:自始没有取得巡游出租汽车经营许可;曾经取得许可但营运时已经被吊销;许可证已经被撤销;许可证已经被注销。

上述第一类行为的基本法律事实构成要件有两个:一是部分混淆或仿冒巡游出租汽车事实;二是巡游出租汽车经营事实。部分混淆或仿冒巡游出租汽车的事实,指存在违反本条例第十七条规定的事实;巡游出租汽车经营事实,可以从行为人是否有揽客行为、是否有运输行为或是否已经向乘车人收费等方面进行判断。

第二类行为,克隆巡游出租汽车,指行为人仿照真实的巡游出租汽车车身颜色、图案、营运标志和设施设备,在其非巡游出租汽车上通过喷涂、安装等作业,达到全面混淆或仿冒真实的巡游出租汽车效果,且在道路上行驶的违法行为。该行为符合巡游揽客特征,可以视为假冒巡游出租汽车经营行为。从车辆外观和设施设备来看,克隆车是真实的巡游出租汽车的复制品。

（三）处罚

依据本条第一项,执法机关可以采取的具体行政处罚措施包括两类:没收与罚款。

没收,属于财产罚。本条规定,可以没收的财产包括非法营运的车辆、营运标识、设施设备和违法所得。

罚款,也属于财产罚。本条规定针对两种情形分别设定了罚款措施:一是针对没有违法所得或者违法所得不足二万元的,处三万元以上十万元以下罚款;二是针对违法所得达到二万元以上的,处违法所得二倍以上十倍以下罚款。

除处罚外,依据本项第一项规定,对假冒巡游出租汽车非法营运行为,执法机关应当责令停止经营。

二、对违反网络预约出租汽车许可证件管理的处罚

依本条第二项被处罚的相对人是平台公司、提供车辆服务的人和驾驶员。

本条第二项规定的可以处罚的违反网络预约出租汽车许可证件管理的行为,包括三类:一是未取得网络预约出租汽车客运经营许可而从事平台服务；二是未取得网络预约出租汽车运输证而提供车辆服务；三是未取得网络预约出租汽车驾驶员证而提供驾驶服务。

本条第二项设置的处罚措施是罚款，对不同类型违法行为分别设定了不同幅度的罚款金额：对平台公司，罚二十万元以上五十万元以下；对提供车辆服务的人，罚三千元以上一万元以下；对驾驶员，罚二百元以上二千元以下。

值得注意的是，本条所称"提供车辆服务的人"并非都指向车辆所有人（车主）。只有当车辆所有人和提供车辆服务的人一致的情况下才能对车辆所有人进行处罚。在车辆所有人与提供车辆服务的人不一致的情况下，需要进一步厘清提供服务的人和车辆所有人的关系，网络预约出租汽车较之巡游出租汽车更为复杂，车辆所有人并不一定参与网络预约出租汽车经营，因此在执法实务中，务必要查清车辆所有人和提供车辆服务人的关系。一般情况下，均应该对提供服务的人（包括自然人和组织）依据本条文进行处罚。

第七十四条　未经许可从事巡游出租汽车和网络预约出租汽车客运经营被依法处罚两次的驾驶人员，由公安机关交通管理部门暂扣三个月机动车驾驶证；被依法处罚三次以上的，由公安机关交通管理部门暂扣六个月机动车驾驶证。

【本条主旨】

本条规定了公安机关打击非法营运出租汽车的职责。

【本条释义】

本条授权公安机关对因非法从事出租车营运而被处罚两次以上的驾驶员进行处罚。处罚的措施是暂扣机动车驾驶证；暂扣期间分为三个月和六个月。非法营运包括两类：一是未经许可从事巡游出租汽车经营；二是未经许可从事网络预约出租汽车经营。

一、行政处罚的实施机关与行政相对人

依据本条实施处罚的机关是公安机关交通管理部门；行政相对人是已经被交通运输综合行政执法机构处罚两次以上的驾驶员。

二、被处罚两次以上的违法行为

本条所称被处罚两次以上的违法行为，特指驾驶员未经许可而从事出租汽车客运经营行为。该违法行为包括三种情形：驾驶员实施本条例第七十三条第一项规定的"假冒巡游出租汽车经营"；驾驶员实施《巡游出租汽车经营管理规定》第四十五条规定的"未取得巡游出租汽车经营许可擅自从事巡游出租汽车经营活动"；驾驶员实施本条例第七十三条第二项规定的"未取得网络预约出租汽车运输证提供网络预约出租汽车服务"。

三、处罚两次与处罚三次

本条所称"处罚两次与处罚三次"，有两层意思：一是指有证据证实已被交通运输综合行政执法机构处罚两次和三次；二是指从本条例施行之日（即 2022 年 1 月 1 日）起的两年内被处罚两次和三次。也就是说，本条所称的两次或三次，并非指任意期限内被处罚的两次或三次。

四、执法部门之间的工作衔接

目前，本市交通运输综合行政执法总队与公安机关已经联合出台了《关于贯彻〈重庆市道路运输管理条例〉第七十四条的通知》（渝交执法〔2022〕37 号文）。为落实本条的执法，交通运输综合行政执法机构在对驾驶员作出"未经许可从事出租汽车客运经营"的处罚决定后，应当按照规定将有关材料移送辖区内的交巡警支（大）队。

第七十五条 违反本条例规定，出租汽车经营者有下列行为之一的，责令改正，处三千元以上一万元以下罚款：

（一）未执行国家和本市出租汽车客运经营服务规定；

（二）未保持车容车貌整洁，未保障车辆符合运营服务规定，车内设施设备完整、有效；

（三）利用在车内安装的摄像装置侵犯乘客隐私权；

（四）违反规定在车身内外设置、张贴广告和宣传品。

【本条主旨】

本条规定了出租汽车经营者违反营运行为规范的法律责任。

【本条释义】

本条针对出租汽车经营者的四类违法行为设定处罚，包括：未执行国家和本市出租汽车客运经营服务规定；车容车貌、设施设备和车辆不符合规定；侵犯乘客隐私；违规设置广告。被处罚的行政相对人包括巡游出租汽车经营者和网络预约出租汽车经营者。

一、违反本条例

本条所称违反本条例，指经营者违反本条例第二十三条第一项、第二项、第四项、第二十二条第四款和第十六条第四项的规定，不履行义务或实施禁止行为。

二、国家和本市出租汽车客运经营服务规定

本条所称国家和本市出租汽车客运经营服务规定，包括行政法规、部门规章、重庆市地方性法规、重庆市政府规章。例如：《重庆市道路运输管理条例》《巡游出租汽车经营服务管理规定》《网络预约出租汽车经营服务管理暂行办法》《重庆市巡游出租汽车客运管理办法》《重庆市网络预约出租汽车经营服务管理暂行办法》等。

三、罚款的裁量

本条对四类出租汽车经营服务违法行为设定三千元以上至一万元以下的罚款。执法机构应当考量违法行为的具体情节，在该罚款幅度内决定具体的罚款金额。行政相对人违反法定义务的次数可以作为具体情节予以考量。针对多次违法的行政相对人，执法机构可以在本条规定的幅度内从重处罚。

第七十六条 违反本条例规定，网络预约出租汽车平台公司有下列行为之一的，责令改正，处五千元以上一万元以下罚款；情节严重的，处一万元以上三万元以下罚款：

（一）允许网络预约出租汽车巡游揽客；

（二）未公示驾驶员从业服务注册信息；

（三）在机场、车站、码头等地点，向未进入电子围栏区域的车辆派送订单；

（四）以预设目的地的方式从事定线运输；

（五）向未取得合法资质的车辆、驾驶员提供信息对接开展网络预约出租汽车经营服务。

违反前款规定的，可以对网络预约出租汽车平台公司并处停止新接入车辆一百八十日以上三百六十日以下。

【本条主旨】

本条规定了网络预约出租汽车平台公司违法经营的法律责任。

【本条释义】

本条分两款，有四层意思：一是明确处罚的相对人为网络预约出租汽车平台；二是明确可处罚的违法行为，包括五类：允许网络预约出租汽车巡游揽客，未公示驾驶员注册信息，向未进入电子围栏的车辆派单，组织从事定线运输，为无资质的车辆、驾驶员提供服务；三是明确可以处罚的措施，包括两类：罚款和停止新接入车辆；四是明确了一般违法行为和情节严重的违法行为的不同处罚、停止新接入车辆的期间和并处方式。第一款规定可处罚的网络预约出租汽车平台公司违法行为及处罚措施；第二款规定并处停止新接入车辆及停止的期限。

一、违反本条例

本条所称违反本条例，指网络预约出租汽车平台公司违反本条例第二十一条第二款、第二十三条第三项、第五至七项规定，不履行义务或实施禁止行为。

二、允许

本条所称"允许"，指网络预约出租汽车平台公司为接入其平台的网络预约出租汽车驾驶员提供巡游揽客的直接支持或创造便利条件、或未采取有效措施阻止其巡游揽客行为。例如，未明确将禁止巡游揽客列入网络预约出租汽车驾驶员运营服务规范或者未对其所发现的巡游揽客的驾驶员实施有效约束和惩戒等。

三、未公示驾驶员注册信息

本条所称未公示驾驶员从业服务注册信息，有三层意思：未公示通过平台提供服务的驾驶员的信息；信息内容上应公示而未公示；公示方法不符合规定。

网络预约出租汽车平台公司应当公示的信息包括驾驶员姓名、照片、手机号码、从业资格证号以及服务评价结果等。至于公示的具体信息项目和内容，在没有统一规定和标准的情况下，可由网络预约出租汽车平台自行确定。当然，公示信息不能违反个人信息保护的相关法律；涉及个人隐私的信息，经脱敏处理后，依法予以公示。

公示的方法符合规定。具体的公示方法包括：将相关信息在乘客使用网络预约出租汽车服务时的订单界面、车内显著位置或者网络预约出租汽车平台软件板块进行展示。

四、向未进入电子围栏的车辆派单

在机场、车站、码头等地点，向未进入电子围栏区域的车辆派送订单，是指网络预约出租汽车平台在机场、车站、码头等应当设定派单电子围栏的区域，将从机场等地点出发的乘客订单派送给处于该地电子围栏外的网络预约出租汽车。简单地说，即接站的订单被配送给电子围栏外的网络预约出租汽车。

五、组织从事定线运输

所谓组织以预设目的地的方式从事定线运输，是指网络预约出租汽车平台事先发布明确的或固定的目的地（线路）客运信息，邀约乘客下单并组织网络预约出租汽车车辆和驾驶员实施运输的行为。该违法行为有以下特点：一是预设目的地，即事先发布或设定明确的或固定的目的地，并加以宣传推广供该条出行线路的乘客选择。当然，这里的目的地，并非局限于完全相同的某一具体地点，也可是指某一特定区域、特定范围的地名。二是形成定线运输。在同一运行线路上多次完成运输，有多次运营记录。如仅发生一两次，则不构成定线运输。

需要注意的是，对于网络预约出租汽车驾驶员通过平台或不通过平台，以预设目的地的方式从事定线运输的行为，应当按照本条例第七十七条第六项的规定，处罚驾驶员个人，即责任主体是驾驶员。

六、向无资质车辆、驾驶员提供服务

向无资质车辆、驾驶员提供服务，是指网络预约出租汽车平台向未办理网络预约出租汽车运输证的车辆或者未取得网络预约出租汽车驾驶员从业资格证的驾驶员提供网络预约出租汽车派单服务的行为。

本条例第十八条规定:"申请从事出租汽车客运经营服务的驾驶人员,应当符合法律、法规、规章规定的相应条件,依法取得从业资格证。"第二十二条第三款规定:"网络预约出租汽车客运经营者或者车辆所有人应当向机动车行驶证登记的车辆所有人住址所属区县(自治县)交通运输综合行政执法机构申请车辆道路运输证。交通运输综合行政执法机构应当向符合条件并登记为网络预约出租客运的车辆核发车辆道路运输证。"网络预约出租汽车平台如果没有事先核验进入平台的网络预约出租汽车的《道路运输证》和驾驶员的《从业资格证》,向没有取得相应许可证件的车辆及驾驶员派单,则应按本条规定承担法律责任。

七、停止新接入车辆

本条所称"停止新接入车辆",是指责令网络预约出租汽车平台在一定时期内暂停接入新的网络预约出租汽车。暂停新接入车辆的期限为一百八十日以上三百六十日以下。

八、处罚的裁量

根据本条,网络预约出租汽车平台公司有上述五项违法行为之一的,责令改正,处五千元以上一万元以下罚款;情节严重的,处一万元以上三万元以下罚款;同时,并处停止新接入车辆一百八十日以上三百六十日以下。

执法机构应根据情节轻重分别适用不同的罚款幅度。行为人不履行本条第一项至第五项的法定义务,可以根据违法接入车辆台次作为具体裁量的情节。

第七十七条 违反本条例规定,从事出租汽车客运经营服务的驾驶员有下列行为之一的,对出租汽车驾驶员处二百元以上五百元以下罚款:

(一)未执行国家和本市出租汽车客运经营服务规范、标准;

(二)遮挡、损毁车载智能终端或者车载智能终端具备在线支付功能拒绝乘客使用终端支付运费;

（三）有言行骚扰、侮辱乘客等违背社会公序良俗的行为；

（四）未明示从业服务注册信息；

（五）在未开启空车标志的情况下揽客，或者开启空车标志时拒载；

（六）以预设目的地的方式从事定线运输；

（七）未经乘客同意擅自变更乘客指定的行驶路线；

（八）未经乘客同意，搭载其他乘客；

（九）网络预约出租汽车驾驶员未通过取得经营许可的网络预约出租汽车平台公司获取订单，从事运输服务。

【本条主旨】

本条规定了出租汽车驾驶员违反营运规范的法律责任。

【本条释义】

本条针对出租汽车驾驶员违反相关规范设定行政处罚。可处罚的行政相对人包括巡游出租汽车驾驶员和网络预约出租汽车驾驶员。处罚的措施是罚款二百元以上五百元以下。

一、违反本条例

本条所称违反本条例，指违反本条例第二十一条第三款、二十四条第一项和第三至八项以及二十六条的规定，不履行义务或实施禁止行为。

二、本条与其他条文的对应关系及驾驶员类型（行政相对人）

本条各项	违法事项	对应条文	驾驶员类型
第一项	未执行规范、标准	第二十四条第一项	出租汽车驾驶员
第二项	遮挡终端或拒绝使用终端付费	第二十四条第六项	巡游出租汽车驾驶员
第三项	违背公序良俗	第二十四条第五项	出租汽车驾驶员
第四项	未公示注册信息	第二十四条第七项	出租汽车驾驶员
第五项	违规揽客和拒载	第二十四条第八项	巡游出租汽车驾驶员
第六项	从事定线运输	第二十六条	出租汽车驾驶员
第七项	擅自变更线路	第二十四条第三项	出租汽车驾驶员
第八项	擅自搭乘他人	第二十四条第四项	出租汽车驾驶员
第九项	未经取得许可的平台派单而从事运输服务	第二十一条第三款	网络预约出租汽车驾驶员

三、应受处罚的违法行为与驾驶员

本条所规定的各项可处罚违法行为的认定方法，见本条例第二十四条、第二十一条和第二十六条的释义。

本条所称"驾驶员"，指已经依法取得相应从业资格的驾驶员。从业资格证包括《网络预约出租汽车驾驶员证》和《巡游出租汽车驾驶员证》。如果未取得从业资格证或者超越从业资格证核定范围，驾驶出租汽车从事经营活动并有本条行为的，应当按照《出租汽车驾驶员从业资格管理规定》第四十一条第一项规定承担法律责任。

四、针对未履行明示从业服务注册信息义务的处罚

对驾驶员违反本项义务进行处罚，应当注意以下两点：

其一，要排除行为人主观上不存在过错的情况。如果并非基于阻止明示从业服务注册信息的目的，而是因意外事件、他人行为导致遮挡、毁损的且无法及时修复的，行为人主观上不存在过错，不应按本条规定予以处罚。

其二，如果驾驶员为了不正常明示从业服务注册信息，而对智能终端设备进行遮挡、损坏，可能同时构成本条第二项规定的遮挡、损毁车载智能终端的行为。《中华人民共和国行政处罚法》第二十九条规定："对当事人的同一个违法行为，不得给予两次以上罚款的行政处罚。同一个违法行为违反多个法律规范应当给予罚款处罚的，按照罚款数额高的规定处罚。"据此，前述两项违法行为的罚款数额是相同的，适用任一条款进行处罚即可。

五、针对网络预约出租汽车驾驶员未通过取得许可的平台公司获取订单而从事运输服务的处罚

本条所称未通过取得许可的平台公司获取订单而从事运输服务，从语义解释上讲，有两层含义：一是指网络预约出租汽车驾驶员未通过网络预约出租汽车平台派单（信息撮合对接），而是以线下巡游揽客、站点候客或"预约出租汽车经营服务"方式（如亲自洽谈或委托中介撮合等途径预约出租服务）实施运输经营行为；二是指网络预约出租汽车驾驶员依托未取得《网络预约出租汽车经营许可证》的平台的派单而开展运营。

第一类行为，即网络预约出租汽车驾驶员以线下巡游揽客、站点候客或预约出租汽车经营服务方式进行营运，属于非法经营行为。对于第二类行为，即驾驶员通过未取得《网络预约出租汽车经营许可证》的平台派单从事运输服务，执法部门应当依据本条规定予以处罚。

第七十八条 违反本条例规定，道路旅客运输站经营者有下列行为之一的，按照以下规定处罚：

（一）允许未经核定进站的车辆进站从事经营活动的，责令改正，处一千元以上五千元以下罚款；

（二）未在经营场所公示服务收费项目、收费标准及批准文件的，责令限期改正，处通报批评或者五百元以上一千元以下罚款；逾期未改的，处一千元以上五千元以下罚款。

【本条主旨】

本条规定了道路运输客运站经营者违反经营服务规范的法律责任。

【本条释义】

本条分两项，针对客运站违反禁止性规范和作为义务设定了罚款和通报批评的处罚。可处罚的违法行为包括：一是允许未经核定进站的车辆进站经营；二是未按规定公示收费项目、标准及批文。

一、违反本条例

本条所称违反本条例，指客运站经营者违反本条例第三十三条第二款和第三十四条规定，不履行义务或实施禁止行为。

二、未经核定的进站车辆

关于未经核定的进站车辆，参见本条例第三十三条的解释。

三、本条处罚的适用

根据本条第一项的规定，道路旅客运输站经营者允许未经核定进站的车辆进站从事经营活动的，由执法机构责令改正，处一千元以上五千元以下罚款。由此可见，本条例从道路客运市场秩序管理的角度，规定了对道路旅客运输站经营者违法行为的行政责任追究方式，执法机构应当根据道路旅客运输站经营者违法行为的情节轻重，按照"过罚相当"的原则实施处罚。

根据本条第二项的规定，道路旅客运输站经营者未在经营场所公示服务收费项目、收费标准及批准文件的，由执法机构责令限期改正，处通报批评或者五百元以上一千元以下罚款；逾期未改的，处一千元以上五千元以下罚款。本条对道路旅客运输站经营者的上述行为规定了两类处罚，一是被执法机构发现违法行为后限期改正的，处通报批评或者五百元以上一千元以下罚款；二是逾期未改的，处一千元以上五千元以下罚款。通报批评是《中华人民共和国行政处罚法》修订后增设的行政处罚种类，属于申诫罚。通报批评至少存在两个形式要件，一是"通报"，即通过发布公告、发文件通报、会议通报等方式将行为人的违法事实在一定范围内公开呈现；二是"批评"，即对行为人的违法事实予以谴责及否定性评价。通报批评被《中华人民共和国行政处罚法》纳入行政处罚种类后，应当遵循《中华人民共和国行政处罚法》的程序性规定，通报信息应包括违法行为人的主体信息、违法事实、行政行为的处理结果等。

对允许未经核定进站的车辆进站从事经营活动的违法行为进行处罚，应裁量的情节包括：违法行为的次数；是否造成恶劣社会影响。对未在经营场所公示服务收费项目、收费标准及批准文件的违法行为进行处罚，应裁量的情节包括：未公示的事项数量；被责令改正后是否逾期未改正等。

第七十九条　违反本条例规定，机动车维修经营者承修无号牌机动车、擅自更换托修机动车上完好部件、擅自扩大托修机动车维修范围、超备案经营范围维修机动车或者进行假冒巡游出租汽车喷涂、改装、维修作业的，处五千元以上二万元以下罚款；情节严重的，责令停业整顿三十日以上九十日以下。

【本条主旨】

本条规定了机动车维修经营者违反营运规范的法律责任。

【本条释义】

本条针对机动车维修经营者实施五项禁止行为设定了罚款和停业

整顿的处罚措施。可处罚的违法行为包括：承修无号牌机动车；擅自更换完好部件；擅自扩大维修范围；超备案经营范围维修；进行假冒巡游出租汽车作业。

一、违反本条例

本条所称违反本条例，指经营者违反本条例第四十条第一至五项的禁止性规范。

二、可处罚的违法行为

本条规定的可处罚的违法行为的认定，参见本条例第四十条的解释。

三、本条处罚的适用

机动车维修经营者有本条规定的违法行为时，由执法机构处五千元以上二万元以下罚款；情节严重的，责令停业整顿三十日以上九十日以下。本条对机动车维修经营者规定了两种档次的处罚，一是在一般情况下，处五千元以上二万元以下罚款；二是在情节严重情况下，就不再适用罚款的行政处罚，适用责令停业整顿三十日以上九十日以下的处罚。责令停业整顿，指《中华人民共和国行政处罚法》所规定的"责令停产停业"；相对于罚款的措施，该处罚对经营者更为严厉，且属于《中华人民共和国行政处罚法》规定的应当组织听证的情形。因此，执法机构在适用责令停业整顿的行政处罚时应严格把握执法标准，履行法定程序。对"情节严重性"的认定，可以从违法行为产生的后果来判断，例如，机动车发生道路交通事故是否造成了人员伤亡或者是否产生了社会不良影响。

第八十条　违反本条例规定，机动车驾驶员培训机构有下列行为之一的，责令改正，按照以下规定处罚：

（一）未使用符合要求的计算机计时培训管理系统或者未做好培训记录，未接入行业监管平台或者未按照规定颁发培训结业证书的，处五百元以上一千元以下罚款，可并处责令停止招生三十日；

（二）在未经核定的场所开展培训，使用非教练车辆开展培训，或者对学员培训学时、里程弄虚作假的，处一千元

以上二千元以下罚款，可并处责令停止招生三十日以上六十日以下。

【本条主旨】

本条规定了机动车驾驶员培训机构违反营运规范的法律责任。

【本条释义】

本条分两项，对驾驶员培训机构违反义务和禁止性规范的行为设定罚款和停止招生的处罚。可处罚的违法行为包括六项：未使用合规的培训管理系统或者未做好培训记录；未接入行业监管平台；未按照规定颁发结业证书；在未经核定的场所培训；使用非教练车辆培训；培训学时、里程作假。

一、违反本条例

本条所称违反本条例，指驾驶员培训机构不履行本条例第四十二条和第四十三条所规定的义务或实施禁止行为。

二、针对不履行义务的处罚

本条第一项，对驾驶员培训机构不履行本条例第四十二条规定的三项义务设定了罚款和停止招生的处罚措施。本项有三层意思：可处罚的违法行为包括三项，即未使用合规的培训管理系统或者未做好培训记录，未接入行业监管平台和未按照规定颁发结业证书；罚款幅度为五百元以上一千元以下，停止招生的期间为三十日；处罚的适用规则是，两项处罚可以并处。执法机构须考量违法行为的具体情节，确定罚款额度及是否并处停止招生。

三、针对实施禁止行为的处罚

本条第二项，对机动车驾驶员培训机构违反本条例第四十三条规定的三项禁止性规范设定了罚款和停止招生的处罚。本项有三层意思：可处罚的违法行为包括三项，即在未经核定的场所培训；使用非教练车辆培训和培训学时、里程作假；处罚的种类与幅度是，罚款额度为一千元以上二千元以下；停止招生的期间为三十日以上六十日以下；处罚的适用规则是，两项处罚可以并处。执法机构须考量违法行为的具体情节，确定罚款额度及是否并处停止招生。例如，机动车驾驶员培训机构实施禁止行为所产生的后果是否严重。

四、关于停止招生的处罚

本条所称责令停止招生，指执法机构命令机动车驾驶员培训机构暂停招收新学员。该处罚不影响机动车驾驶员培训机构继续开展针对原有学员的教学培训业务。

第八十一条　违反本条例规定，机动车驾驶培训教练员酒后教学、在教学期间擅自离岗的，责令改正，处五百元以上三千元以下罚款；情节严重的，列入教练员失信记录，五年内不得从事驾驶培训教学活动。

【本条主旨】

本条规定了机动车驾驶培训教练员违反教学规范的法律责任。

【本条释义】

本条有三层意思：一是明确可处罚的两类违法行为，即酒后教学和教学期间擅自离岗；二是明确处罚的种类和幅度，即罚款五百元以上三千元以下；三是明确对情节严重的违法行为的处理办法，即列入失信记录，五年内不允许从事培训教学。

一、违反本条例

本条所称违反本条例，指教练员违反本条例第四十四条第一项和第二项的规定，实施了禁止行为。

二、情节严重的违法行为与禁止从业

本条所称情节严重，指教练员多次实施酒后教学，或多次在教学期间擅自离岗，被责令改正时拒不改正，造成较大影响或引起严重后果的情形。

依据本条，教练员酒后教学或擅自离岗，且情节严重的，列入教练员失信记录；五年内不得从事驾驶员培训教学工作。

第八十二条　违反本条例规定，汽车租赁经营者有下列行为之一的，责令限期改正，处三千元以上一万元以下罚款；逾期未改的，责令停业整顿：

（一）向承租人提供的租赁车辆，行驶证登记的所有人

与经营者名称不一致或者使用性质未登记为租赁的；

（二）未按规定办理租赁经营者备案登记手续的；

（三）未在经营场所和服务平台以显著方式明示服务项目、租赁流程、租赁车辆类型、收费标准、押金收取与退还、客服与监督电话等事项的；

（四）未建立租赁经营管理档案或者未按照规定报送相关数据信息的；

（五）向承租人提供驾驶劳务的；

（六）在道路上巡游揽客的；

（七）在承租人租用使用性质为租赁的车辆期间，获知承租人利用租赁车辆从事道路运输经营，仍向承租人提供租赁车辆的。

【本条主旨】

本条规定了汽车租赁经营者违反营运规范的法律责任。

【本条释义】

本条分七项对租赁经营者的违法行为设定了处罚措施，包括罚款和停业整顿。

一、违反本条例

本条所称违反本条例，指租赁经营者违反本条例第四十五条第二款、第四十六条第一至三项和第七至九项规定的租赁经营服务规范，不履行义务或实施禁止行为。

二、向承租人提供驾驶劳务的认定

根据本条第五项，汽车租赁经营者向承租人提供驾驶劳务的，应当予以处罚；构成非法经营的，按照非法经营予以处罚。本项是针对汽车租赁经营者违反本条例第四十六条第七项规定的行为所设定的法律后果。

三、在道路上巡游揽客的认定

依据第六项，对在道路上巡游揽客的租赁者应予以处罚；构成非法经营的，按照非法经营予以处罚。依据本条例第四十六条第九项的规定，汽车租赁经营者不得在道路上巡游揽客。所谓巡游揽客，指巡游招租行为，招揽的对象是汽车承租人，而非乘客。如果假冒出租汽车在道路上巡游招揽乘客的，应适用本条例第七十三条的规定予以处罚。

四、对违法向承租人提供租赁车辆行为的认定

本条第七项规定的可处罚的违法行为是：在承租人租用使用性质为租赁的车辆期间，获知承租人利用租赁车辆从事道路运输经营，仍向承租人提供租赁车辆的。

认定该违法行为的成立，须具备以下三个要件：一是存在承租人利用租赁性质的车辆从事道路运输的事实；二是租赁经营者已经知道承租人利用租赁性质的车辆从事道路运输；三是该租赁经营者未停止向该承租人出租车辆，即未解除合同收回车辆。

五、处罚

（一）罚款

依据本条，租赁经营者有本条所列七项违法行为之一的，执法机构应当责令其在规定的期限内纠正违法行为；同时对其处以三千元以上一万元以下的罚款。具体的罚款数额由有关行政执法机构根据具体情况而定。对于违法情节较为严重的，应当给予从重或顶格处罚，而违法行为情节轻微、危害不大的，可以酌情减少罚款金额，但不能免除汽车租赁经营者的罚款处罚。

（二）停业整顿

依据本条，执法机构对存在本条规定的违法行为的经营者作出责令限期改正决定后，该经营者如果未在限期内纠正其违法行为，执法机构应当适用责令其停业整顿的处罚。也就是说，该处罚适用须满足三项前提条件：一是执法机构已经作出了责令改正的决定；二是改正的限定期限已经届满；三是租赁经营者没有改正。

第八十三条 违反本条例规定，道路运输或者道路运输相关业务的经营者有下列行为之一的，责令限期改正，按照以下规定处罚：

（一）停业、歇业、分立、合并、迁移或者转让客、货运经营车辆，未依法向道路运输机构办理相关手续的，处

一千元以上五千元以下罚款；

（二）擅自暂停客运或者道路旅客运输站经营的，处一千元以上三千元以下罚款；情节严重的，责令违规车辆停运五日以上三十日以下；逾期未改正的，吊销经营许可证。

【本条主旨】

本条规定了经营者在停业等情形下未办理手续和擅自暂停客运或客运站经营的法律责任。

【本条释义】

本条分两项，第一项对经营者停业、歇业、合并、分立、迁移、转让车辆而未办理有关手续的行为设定处罚；第二项对经营者擅自暂停客运或客运站经营设定处罚。

一、违反本条例

本条所称违反本条例，指经营者违反本条例第五十条第一款和第二款的规定。

二、对实施停业等而未办理有关手续的处罚

本条第一项，针对道路运输及道路运输相关业务经营者六类未办理有关手续的行为设定处罚。应予以处罚的具体行为包括：停业、歇业、合并、分立、迁移或转让车辆而未办理手续的。上述各类行为的具体定义，参见第五十条释义。

三、对擅自暂停客运或客运站经营的处罚

本条第二项对班车客运经营者和客运站经营者擅自暂停经营的行为设定了处罚措施。本条所称擅自暂停，也称擅自歇业，指在未依法办理有关手续之前，经营者即暂停了道路旅客运输或道路客运站经营服务。处罚的措施包括三类：罚款、停运违规车辆、吊销经营许可证。其中停运违规车辆的处罚只适用于道路旅客运输、出租汽车客运经营者。处罚的幅度是，罚款一千元以上三千元以下，命令经营者停止运营违规车辆五日以上三十日以下。

（一）对客运经营者擅自暂停客运的处罚

本条第二项，关于道路旅客运输或出租汽车客运经营者法律责任的规定有三层意思：一是发现违法，交通运输综合行政执法机构即应当责令行政相对人限期改正；二是根据违法行为的情节严重与否，分别作出罚款或责令违规车辆停运的处罚；三是在责令改正期限届满后发现经营者未纠正错误，可以对其作出吊销经营许可证的处罚。

所谓情节严重，指违法行为造成不良影响的范围广或后果严重等具体情形。车辆停运属于行为罚，又称资格罚，因此，本条规定该措施仅适用于违法行为情节严重的班车客运经营者。

吊销经营许可证的处罚，是对经营者最严厉的行政处罚之一，又称资格罚。按照本条规定，交通运输综合行政执法机构在对违规暂停的客运经营者采取责令限期改正的措施后，应当对该经营者后续的经营行为进行复查，确认其是否纠正了违法行为。对限期届满仍未改正或拒不改正的道路旅客运输或出租汽车客运经营者，交通运输综合行政执法机构有权予以吊销经营许可证的处罚。

（二）对客运站经营者违规暂停经营的处罚

本条第二项对客运站经营者设定处罚的规定有两层意思：一是发现违法，交通运输综合行政执法机构即应当责令限期改正，并可以处以罚款；二是在改正期限届满后，发现经营者未纠正违法行为或拒不改正的，可以依法对其作出吊销经营许可证的处罚。

第八十四条 违反本条例的规定，道路运输经营者有下列行为之一的，责令改正，按照以下规定处罚：

（一）道路运输证上载明的单位名称与车辆行驶证和道路运输经营许可证上载明的名称不一致，使用未经年度审验或者年度审验不合格车辆从事经营的，不按规定填报营运或者经营统计报表的，处五百元以上二千元以下罚款。

（二）使用已达到报废标准的车辆从事货运经营的，处一千元以上五千元以下罚款，可以并处责令停业整顿；情节严重的，吊销经营许可证。

（三）使用已达到报废标准的车辆从事客运经营的，责令停业整顿，没收车辆，将报废车辆交有关部门统一销毁，并处一万元以上十万元以下罚款；情节严重的，吊销经营许可证。

（四）道路运输经营者在经营活动过程中，因情况变化丧失或者部分丧失规定的经营条件，仍从事经营活动的，责令限期改正；逾期不改正或者改正不合格的，吊销经营许可证。

【本条主旨】

本条规定了对道路运输经营者违反经营服务规范的法律责任。

【本条释义】

本条分四项对道路运输经营者的违法行为设定处罚。处罚的相对人包括道路运输经营者、道路客运经营者和道路货运经营者。可处罚的违法行为包括五类：道路运输证件名称登记不一致；不按规定年审；不按规定填报统计表；使用报废车辆；丧失经营条件下继续经营。处罚的措施包括四类：罚款、停业整顿、没收、吊销经营许可证。

一、违反本条例

本条所称违反本条例，指道路运输经营者违反本条例第五十三条第二款、第五十六条第三款、第六十条和第四十八条的规定，不履行义务或实施禁止行为。

（一）对道路运输证件名称登记、车辆年审和填报统计表违法的处罚

本条第一项，对经营者违反本条例第五十三条第二款、第五十六条第三款和第六十条强制性规定的行为设定处罚。本项有三层意思：一是明确可处罚的相对人，包括道路客运、货运和出租汽车客运经营者；二是明确可处罚的违法行为，包括道路运输证件名称登记不一致，不按规定年审和不按规定填报统计表；三是规定处罚的种类及幅度，即罚款五百元以上二千元以下。

针对《道路运输证》上载明的单位名称与车辆《行驶证》和《道路运输经营许可证》上载明的名称不一致的违法行为进行处罚前，执法人员应当查明导致该情形的原因。如车辆转让后未及时向道路运输机构办理相关手续而导致的名称不一的，不适用本条处罚，而应该适用本条例第八十三条予以处罚。车辆《道路运输证》上载明的单位名称因道路运输机构的原因导致与车辆《行驶证》和《道路运输经营许

可证》上载明的名称不一致的，则不应予以处罚。网络预约出租汽车经营者、网络平台道路货运经营者自身并不一定购买营运车辆，而是通过协议方式接入取得合法营运资质的营运车辆从事运输，其接入的车辆《道路运输证》和《行驶证》持有人并不一定与平台经营者名称保持一致。经营者使用汽车租赁经营者的租赁车辆从事道路运输经营的，车辆的《道路运输证》《道路运输经营许可证》与车辆所有人也不一致。上述名称不一致的情形如果属于合法状态，执法机构不应予以处罚。

不按规定填报营运或者经营统计报表，包括以下三种情形：①经道路运输机构催报后拒绝提供营运或者经营统计报表或者未按时填报营运或者经营统计报表的。②填写不真实或者不完整的营运或者经营统计报表，经道路运输机构指正后，仍不整改的。③转移、隐匿、篡改、毁弃或者拒绝提供原始记录和凭证、统计台账及其他用于证明营运或者经营统计报表真实性资料的。

二、对使用报废车辆从事货运的处罚

本条第二项，对违反本条例第五十六条禁止性规范的行为设定处罚。本项有四层意思：一是明确处罚的相对人，即道路货运经营者；二是明确可处罚的行为，即使用已经达到报废标准的车辆；三是明确处罚措施，包括罚款、停业整顿和吊销经营许可证；四是明确处罚的具体适用。

适用本条对相对人实施处罚，执法机构应当首先责令相对人改正，同时根据违法行为的情节严重与否，分别确定适用罚款并处停业整顿与吊销许可证。其中罚款的幅度是一千元以上五千元以下。

对本条违法行为的认定，即"使用已达到报废标准的车辆"，见本条例第五十六条的解释。

三、对使用报废车辆从事客运的处罚

本条第三项，对违反本条例第五十六条禁止性规范的行为设定处罚。本项有五层意思：一是明确可处罚的相对人，即道路旅客运输、出租汽车客运经营者；二是明确可处罚的行为，即使用报废车辆从事客运；三是明确处罚的措施，包括停业整顿、没收车辆、罚款和吊销许可证；四是明确处罚的具体适用；五是规定报废车辆的处理。

四、对丧失经营条件仍继续经营的处罚

本条第四项，对丧失或部分丧失经营条件下的继续经营行为设定处罚。本项有三层意思：一是明确处罚相对人，包括道路客运、货运和出租汽车客运经营者；二是明确可处罚的行为，即丧失或部分丧失经营条件下的继续经营；三是明确处理办法，即作出限期改正的行政处理决定，或作出吊销经营许可证的处罚决定。

本项所称丧失或者部分丧失规定的经营条件，指道路运输经营者（包含网络预约出租汽车车辆所有人）或客运站经营者在依法取得经营许可证之后，因情况变化而不再具备国家和本市规定的必备经营条件的法律事实。

依据本项，吊销经营者的经营许可证，意味着强制经营者退市。因此，本条要求执法机构在发现经营者存在本项违法事实时，首先应当作出行政处理决定，责令经营者限期改正。只有在经营者逾期不改正或者改正不合格的情况下，才能予以吊销经营许可证的处罚。

第八十五条　违反本条例规定，营运驾驶员未随车携带驾驶员从业资格证、包车客运标志牌或者包车合同，或者未在规定位置放置班车客运标志牌的，承运国家规定限运、凭证运输的货物未随车携带准运证明或者批准手续的，责令改正，处五十元以上二百元以下罚款。

【本条主旨】

本条规定了营运驾驶员未随车携带相关证牌或批准手续的法律责任。

【本条释义】

本条对营运驾驶员未按照规定携带证牌等行为设定了处罚。可处罚的违法行为包括：未按规定携带从业资格证；未携带包车客运标志牌或者包车合同；未在规定位置放置班车客运标志牌，未随车携带准运证明或者批准手续。处罚的措施是罚款五十元以上二百元以下。

一、违反本条例

本条所称违反本条例，指营运驾驶员违反本条例第五十三条第一款、第十一条、第九条第一款和第三十一条的规定，未遵守经营服务规范。

二、关于本条所规定的处罚的执行

本条行政处罚规范针对的基本上属于轻微违法行为。依据本条处理相关违法行为时，执法机构应当贯彻和落实《中华人民共和国行政处罚法》第五条所规定的"过罚相当"原则和第三十三条所规定的"轻微违法，不予处罚"的轻罚精神，审慎实施行政处罚。

此外，由于 2023 年 7 月 20 日修订的《中华人民共和国道路运输条例》删除了原第六十八条，即取消了针对客运经营者、货运经营者不按照规定携带车辆营运证的行为设定的行政处罚措施，因此，在该条例修订案实施以后，针对营运驾驶员未随车携带驾驶员从业资格证的违法行为适用本条进行处理时，执法机构可以采取责令改正的处理方式，不宜采取罚款的处罚措施。

第八十六条　违反本条例规定，任何单位和个人有下列行为之一的，责令改正，按照以下规定处罚：

（一）非巡游出租汽车的其他车辆设置、安装、使用专用或者相类似的巡游出租汽车营运标识、设施设备的，或者喷涂成专用或者相类似的巡游出租汽车车体颜色、图案的，暂扣车辆，没收营运标识和设施设备，处三千元以上二万元以下罚款；

（二）伪造、涂改、倒卖、出借道路运输经营和道路运输相关业务证牌的，处二千元以上五千元以下罚款。

【本条主旨】

本条规定了部分混淆或仿冒巡游出租汽车行为和经营者实施证牌违法行为的法律责任。

【本条释义】

本条分两项，对部分混淆或仿冒巡游出租车和证牌违法行为人设定处罚。可处罚的行政相对人为任何违法行为人，包括单位和个人。可采用的处罚措施分三类，包括：暂扣车辆；没收营运标识和设施设备；罚款。第二项证牌违法行为包括伪造、涂改、倒卖和出借证牌。

一、违反本条例

本条所称违反本条例，指行为人违反本条例第十七条和第五十八条的禁止性规范。

二、对部分混淆或仿冒巡游出租汽车行为的处罚

本条第一项，对行为人违反本条例第十七条禁止性规范的行为设定处罚。

（一）违法行为的构成

认定行为人是否构成部分混淆或仿冒巡游出租汽车行为，行为人实施了部分混淆或仿冒巡游出租汽车的行为。

行为人在其非巡游出租汽车上实施了下列行为，可以认定为实施了部分混淆或仿冒巡游出租汽车行为：

①喷印专用的巡游出租汽车营运标识。

②喷印类似的巡游出租汽车营运标识。

③安装、使用专用的巡游出租汽车设施设备。

④安装、使用类似的巡游出租汽车设施设备。

⑤喷涂专用的巡游出租汽车车体颜色和图案。

⑥喷涂相类似的巡游出租汽车车体颜色和图案。

关于本市巡游出租汽车车体颜色和图案、营运标识及设施设备的具体规定，参见本条例第十七条的释义。以喷涂专用或类似的车体颜色和图案的方式混淆或仿冒巡游出租汽车的，应以是否存在车体颜色和图案的组合仿冒来认定；单纯喷涂专用或类似巡游出租汽车车体颜色或图案的行为，不宜认定为违法。行为人有部分混淆或仿冒巡游出租汽车行为，且有揽客、运输或向乘车人收费等经营情形的，应当认定为违反本条例第七十三条所规定的"假冒巡游出租汽车"的行为。

（二）处理与处罚

依据本条第一项，对部分混淆或仿冒巡游出租汽车行为，可以采取暂扣车辆的行政强制措施；还可以采取没收营运标识和设施设备和罚款的行政处罚措施。

暂扣车辆是一种行政强制措施，必须遵循《中华人民共和国行政强制法》的要求，应当出具凭证，告知权利义务，保证当事人的陈述申辩权，妥善保管车辆，不得使用，不得收取或者变相收取保管费用等。

没收设施设备，是指前述解释中的标志顶灯、计价器、空车标志、车载智能终端等营运标识或者设施设备，不包括对车辆本身的没收。

二、对证牌违法行为的处罚

本条第二项，对行为人违反本条例第五十八条禁止性规范的行为设定处罚。

本项所称道路运输经营和道路运输相关业务证牌，是指本条例第五十八条所规定的《道路运输经营许可证》《道路运输证》《客运标志牌》《机动车维修竣工出厂合格证》《从业资格证》等道路运输证牌。

伪造、涂改、倒卖、出借证牌行为的具体认定，见本条例第五十八条的解释。适用本条第二项对行为人违法行为进行处罚，罚款的幅度是二千元以上五千元以下。

第八十七条　违反本条例规定，利用货运汽车、拖拉机、摩托车、残疾人机动轮椅车、电动自行车等车辆从事客运经营的，未经批准利用人力车从事客运经营的，没收违法所得，并处二百元以上二千元以下罚款。

【本条主旨】

本条规定了行为人使用非道路客运车辆从事客运经营的法律责任。

【本条释义】

本条对使用非客运车辆从事客运的行为人设定处罚。本条有四层意思：一是明确处罚的相对人，即任何人；二是明确处罚的措施，包括没收违法所得和罚款；三是明确处罚的适用方式，即并处；四是明确可处罚的行为，包括两类：用非客运车辆从事客运和未经批准使用人力车从事客运。

本条对使用非客运车辆从事客运设定处罚，以本条例第五十二条第一款的禁止性规范为设定依据。

本条对使用人力车非法从事客运设定处罚，以本条例第五十二条为设定依据。本条所称未经批准利用人力车从事客运经营，包括以下两种情形：一是在本市中心城区内使用人力车从事客运；二是在本市中心城区以外的区县（自治县）内，当地区县（自治县）人民政府已经禁止使用人力车从事客运，而行为人在当地仍使用人力车从事客运活动。具体情况见本条例第五十二条的解释。

第八十八条 有下列情形之一的，且驾驶人员负同等及以上责任，交通事故依法处理后，按照以下规定处理：

（一）发生死亡一人以上交通事故的，吊销驾驶员从业资格证；

（二）发生一次死亡三人以上交通事故的，吊销事故车辆道路运输证，收回事故车辆客运经营权，道路运输经营者一年内不得新增客运线路和车辆运力；

（三）发生一次死亡十人以上交通事故的，可以吊销道路运输经营许可证。

发生死亡一人以上道路运输交通事故的，完成事故责任认定前，道路运输经营者应当停止事故车辆运行。

【本条主旨】

本条规定了致人死亡的交通事故中经营者及其驾驶员的法律责任。

【本条释义】

本条分两款，第一款规定对发生人员死亡的道路运输交通事故责任驾驶员和经营者的处罚；第二款规定发生人员死亡的交通事故后经营者停运事故车辆的义务。

一、对责任驾驶员和经营者的处罚

本条第一款，分三种情形对责任驾驶员和经营者设定处罚。可处罚的道路运输交通责任事故包括：一是死亡一人以上；二是一次死亡三人以上；三是一次死亡十人以上。根据事故严重性，发生死亡一人以上事故的，处罚驾驶员；发生一次死亡三人以上事故的，处罚驾驶员，同时处罚经营者。

本条所称同等及以上责任，包含同等责任、主要责任和全部责任三种等级。事故责任以公安机关交通管理部门作出的事故认定为依据。

依据本条对驾驶员进行处罚须满足两项条件：一是发生死亡一人以上的交通事故；二是营运的驾驶员对该事故依法负同等及以上责任。

对经营者的处罚同样须满足两项条件：一是发生一次死亡三人以上的交通事故；二是道路运输经营者所聘用的驾驶员对该事故依法负同等及以上责任。

二、事故车辆停运义务

本条第二款，对发生死亡一人以上道路运输交通责任事故的（道路运输）经营者设定停运义务。依据本条，须停运的是事故车辆。停运时间是事故责任认定完成之前。

三、"以上"一词在我国法律法规文件中的通用含义

本条中"以上"一词，从通用的法律含义角度讲，指称包括本数和超过本数的数量。本条所称的死亡一人以上，死亡三人以上，死亡十人以上，均指包含本数和超过本数的数量。

四、处罚

（一）吊销从业资格证

吊销驾驶员从业资格证，是对驾驶员的行政违法行为的惩戒。从行政处罚的类型上讲，吊销从业资格证，属于资格罚。

行政许可中的吊销、撤销和注销是最容易混淆的三个概念，三者在法律层面上是不同的。吊销和撤销从最终结果来看都是对被许可人资格的剥夺，但是产生的原因和性质不同。吊销的条件是取得资格的行政相对人作出违反行政管理法律法规的行为，即构成行政违法，其已经取得的许可证件被行政机关吊销，意味着资格的剥夺，属于行政处罚。而撤销的条件一般是行政许可机关颁发许可存在违法之处，而不是被许可人取得许可之后有违法行为，所以不是行政处罚，而是对违法行政许可的纠正。同时，如果被许可人以欺骗、贿赂等不正当手段取得行政许可，而不是取得行政许可后实施了违法行为，则应当予以撤销许可，而不是吊销许可。注销许可是对许可证件无法继续使用的状态的一种确认。

（二）不得新增客运线路和车辆运力

本条规定的"不得新增客运线路"，是指在经营者既有线路的基础上，不得再新增其他客运线路。此项处罚属于《中华人民共和国行政处罚法》设定"限制开展生产经营活动"行政处罚措施的一种表现形式。行政许可机关在实施新的班车线路许可时，可依据交通运输综合行政执法机构作出的行政处罚决定，对于存在本条第一款第二项情形的经营者的申请予以拒绝。

本项规定的"不得新增车辆运力"，指经营者不得增加新的车辆运力。

第八十九条 道路运输从业人员被吊销从业资格证的，自被吊销之日起五年内不得重新取得从业资格证。

道路运输驾驶员发生一次死亡三人以上交通责任事故且负同等及以上责任的，终生不得从事道路运输驾驶活动。

道路运输或者道路运输相关业务的经营者被撤销、注销、吊销经营许可的，自被撤销、注销、吊销之日起一年内，经营者及其法定代表人、实际控制人不得申请办理该项行政许可。

道路运输车辆被吊销道路运输证的，该车辆所属道路运输经营者自被吊销之日起一百八十日以内不得申请办理道路运输证。

【本条主旨】

本条是关于限制从业和限制办理《道路运输经营许可证》与车辆《道路运输证》的规定。

【本条释义】

本条分四款，规范事项包括：一是对被吊销从业资格证的从业人员限制从业；二是对发生一次死亡三人以上道路运输交通事故的责任驾驶员实行禁业；三是对被撤销、注销和吊销《道路运输经营许可证》的经营者及其法定代表人和实际控制人限制申请许可；四是对被吊销《道路运输证》车辆所属的经营者限制办理《道路运输证》。

一、限制从业

本条第一款有四层意思：一是明确限制从业的相对人，即按照国家规定实行从业资格管理的道路运输从业人员；二是明确限制的事由，即相对人被吊销道路运输从业资格证；三是明确限制的期限，即被吊销之日起五年；四是明确限制的行业，即被吊销从业资格证上所记载的行业，如出租汽车客运驾驶员。

二、终身禁业

本条第二款有三层意思：一是明确禁业的相对人，即实行从业资格管理的道路运输驾驶员；二是明确禁业的事由，即驾驶员在一次死亡三人以上交通责任事故中被依法认定负同等及以上责任；三是明确禁业的期间，即驾驶员终身；四是明确禁业的行业，即道路运输驾驶服务。

按照本条例第八十八条第一款第一项的规定，驾驶员在一次死亡三人以上交通责任事故中被依法认定负同等及以上责任的，依法予以吊销从业资格证并且终身禁业。也就是说，该驾驶员将终身不能从事道路客运、货运、危险货物运输、出租汽车客运、公共汽车客运驾驶服务。

三、限制市场准入

本条第三款规定了对经营者及其法定代表人、实际控制人实行道路运输及道路运输相关业务经营市场的准入限制。本款有四层意思：一是明确限制的相对人，即经营者及其法定代表人、实际控制人；二是明确限制的事由，即经营者被撤销、注销、吊销经营许可；三是明确限制的期限，即被撤销、注销、吊销之日起一年；四是明确限制的事项，即被撤销、注销、吊销的许可证所记载的运输业务。

本条所称的经营者，指依法实行经营许可管理的道路客运、货运、出租汽车客运、道路客运站等经营者。

关于实际控制人，见本条例第六十四条的解释。

四、限制办理《道路运输证》

本条第四款规定限制经营者办理《道路运输证》。有四层含义：一是明确限制的相对人，即车辆所属道路运输经营者；二是明确限制的事由，即经营者的车辆被吊销《道路运输证》；三是明确限制的期间，即自被吊销之日起一百八十；四明确限制办理的证件，即被吊销《道路运输证》的车辆再次办理《道路运输证》。

对于客运车辆来说，限制办理《道路运输证》，实际意味着限制了车辆客运经营权。

需要注意的是，以上几种措施均是 2021 年 1 月 22 日修订的《中华人民共和国行政处罚法》第九条第四项新增设定的"限制开展生产经营活动、限制从业"的具体表现形式，需要由交通综合行政执法机构作出行政处罚决定。

第九十条　道路运输和道路运输相关业务经营者及其从业人员信用评价不合格的，责令限期整改；整改期间停止办理增加经营范围、线路、运力、教练车辆以及更换车辆、提高站级等有关业务；连续两年信用评价不合格的，责令停业整顿；整顿后仍不符合要求的，责令停止经营或者吊销许可证件。

【本条主旨】

本条是关于对经营者及其从业人员实施信用惩戒的规定。

【本条释义】

本条规定惩戒的相对人包括经营者与从业人员。本条按信用状况分两类规定了不同的惩戒措施。两种信用状况：信用评价不合格；连续两年不合格。

一、信用评价不合格的惩戒

本项惩戒制度有三层意思：一是明确行政处理方法，即责令限期整改；二是明确具体惩戒措施，停止办理的业务包括增加经营范围、线路、运力、教练车辆以及更换车辆、提高站级等；三是明确惩戒的期间，即整改期间，一般为一至六个月。

二、连续两年信用评价不合格的惩戒

本项惩戒分步实施。首先是责令被惩戒人停业整顿；其次，对整顿后仍不符合要求的被惩戒人，责令其停止经营或者吊销其许可证件。

第九十一条 被扣押的非法营运车辆属于拼装车或者被扣押时已经达到报废标准的，由扣押车辆的交通运输综合行政执法机构移送公安机关交通管理部门依法处理。

非法营运车辆在被扣押期间达到报废标准，经公安机关交通管理部门公告车辆登记证书、号牌、行驶证作废的，由扣押车辆的交通运输综合行政执法机构通知车辆所有人认领并在三个月内自行报废车辆；无法联系车辆所有人的，应当通过公共媒体公告认领。通知车辆所有人或者公告后三个月内仍无人认领的，由扣押车辆的交通运输综合执法机构交机动车回收拆解企业予以报废。

【本条主旨】

本条规定了执法机构处理被扣押的非法营运车辆的职责。

【本条释义】

本条分两款：第一款，针对拼装车和被扣押时已经达到报废标准的车辆，规定执法机构向公安机关进行移送的职责；第二款，针对被扣押期间达到报废标准的车辆，规定执法机构通知相对人受领和交付回收企业的职责。

一、移送

本条第一款规定了移送制度，有三层意思：一是明确移送的车辆，即因非法营运而被扣押且属于拼装车或被扣押时已经达到报废标准的车辆；二是明确移送责任人，即实施扣押的交通运输综合行政执法机构；三是明确接收单位，即公安机关交通管理部门。

（一）拼装车

本条所称拼装车，是指没有制造、组装机动车许可证的企业或个人，擅自非法拼凑、组装的机动车。拼装的机动车既没有整车出厂合格证明或进口机动车的进口凭证，通常也达不到机动车国家安全技术标准，公安机关交通管理部门对该机动车也不予审查登记。需特别注意的是，拼装汽车和改装汽车是两个完全不同的概念。拼装的汽车一般都存在质量差、成本高、大多不符合安全检验及运行技术标准的问题，有的还会因装配技术问题造成事故。因此，拼装汽车是国家禁止的一种非法生产汽车的行为。

（二）已达报废标准的机动车

已达报废标准的机动车，是指按照国家强制报废标准应当报废的机动车。机动车在行驶过程中，安全技术状况会发生变化，达到一定年限或者行驶一定里程后，其安全技术系数会降低，不能保证正常安全行驶，这时就应当报废。机动车报废应当执行《机动车强制报废标准规定》。

二、通知认领与交付回收企业

本条第二款规定执法机构通知认领和交付回收企业的职责，包括：处理步骤、车辆条件、通知和通告的适用条件；交付回收企业的条件。

依据本款，针对在被扣押期间达到报废标准的非法营运车辆，执法机构应分两步处理：首先是通知或公告车辆所有人受领；其次，对限期内无人认领的车辆，交付回收企业。

按照本项处理的车辆须满足两个条件：一是非法营运车辆在被扣押期间达到报废标准；二是公安机关交通管理部门已经公告该车辆登记证书、号牌、行驶证作废。

通知受领的方式有两种：一是对能够联系的车辆所有人，直接通知受领；二是对无法联系的，在公共媒体上发布受领公告。依据本条，执法机构应当告知受领人在三个月内自行报废车辆。

交付回收企业的条件是无人认领。所谓无人认领，分两种情形：一是已经通知车辆所有人限期受领，但无人受领；二是对无法联系车辆所有人的，在发布公告后三个月内仍无人认领。

第九十二条 交通主管部门和其他有关部门的工作人员、执法人员有下列行为之一的，由所在单位、上级主管部门或者监察机关给予处分；给他人造成经济损失的，依法赔偿；构成犯罪的，依法追究刑事责任：

（一）非法侵犯道路运输经营者及从业人员人身、财产权利；

（二）违法实施行政许可、备案；

（三）违法实施行政处罚或者应当给予行政处罚而不予

行政处罚；

（四）无法定依据收费、罚款不按照规定使用罚没收据、罚款不上缴，私分或者变相私分罚没收入；

（五）使用或者损毁扣押财物；

（六）索取或者收受他人财物，或者谋取其他非法利益；

（七）过度执法、逐利执法、粗暴执法；

（八）其他滥用职权、玩忽职守或者徇私舞弊的违法行为。

【本条主旨】

本条是关于对公职人员实施行政处分的规定。

【本条释义】

本条规定对实施违法行为的工作人员和执法人员进行处分，包括违法行为、实施处分的机关或单位以及处分人员的范围。

本条列举七项典型违法行为，包括：非法侵犯人身、财产权利；违法实施行政许可、备案；违法实施行政处罚或者行政处罚不作为；收费违法；使用或者损毁扣押财物；谋取非法利益；过度执法、逐利执法、粗暴执法。

本条明确了实施处分的机关或单位，包括：所在单位、上级主管部门或者监察机关。

本条还明确处分的人员范围，包括：交通主管部门和其他有关部门的工作人员和执法人员。

第九十三条　市人民政府根据需要可以决定将农村客运、机动车维修、道路运输站（场）的行政处罚权交由能够有效承接的乡镇人民政府、街道办事处行使，并定期组织评估。

承接行政处罚权的乡镇人民政府、街道办事处应当加强执法能力建设，按照规定范围、依照法定程序实施行政处罚。

区县（自治县）人民政府及其交通主管部门应当加强组织协调、业务指导、执法监督，建立健全行政处罚协调配合机制，完善评议、考核制度。

【本条主旨】

本条规定了部分行政处罚权的授权制度。

【本条释义】

本条分三款，分别规定：市人民政府向乡镇和街道授权行使部分行政处罚权的职权；乡镇和街道依法行使权力的职责；区县（自治县）人民政府及交通主管部门对乡镇和街道的支持与监督职责。

一、行政处罚权的授权

（一）委托处罚的决定

委托处罚的决定权由市人民政府行使。市人民政府根据需要可以决定将农村客运、机动车维修、道路运输站（场）的行政处罚权交由能够有效承接的乡镇人民政府、街道办事处行使，并定期组织评估。

（二）受托处罚的事项

交由乡镇人民政府、街道办事处行使行政处罚权的范围，依据本条，仅限于农村客运、机动车维修、道路运输站（场）三个方面。道路运输管理的其他事项不能交由乡镇人民政府、街道办事处行使。

（三）受托处罚的机构

受托行使行政处罚权的机构为"能有效承接"的乡镇人民政府、街道办事处。

所谓"有效承接"，即必须是基层政府能够承接得住的，如果承接不住或承接条件不具备的，则不能下放。

（四）定期评估制度

对交由乡镇人民政府、街道办事处行使的处罚事项要定期组织评估，根据评估结果决定是否继续交由乡镇人民政府、街道办事处行使相关处罚事项。

二、乡镇和街道的职责

本条第二款要求，承接行政处罚权的乡镇人民政府、街道办事处有两项职责：一是加强执法能力建设；二是按照规定范围、依照法定程序实施行政处罚，即依法行政。

三、区县（自治县）人民政府及其交通主管部门职责

本条第三款要求，区县（自治县）人民政府及其交通主管部门承

担支持和监督乡镇、街道行使行政处罚权的职权，包括：组织协调；业务指导；执法监督；建立健全行政处罚协调配合机制；完善评议、考核制度。

第七章 附 则

本章说明：本章作为附则，规定总则和前述各分则的辅助性事项。本章三个条文的规范内容包括：本条例所使用的十个关键概念的法律含义；本市公共汽车客运管理的法律适用；本条例的施行时间。

第九十四条 本条例中下列用语的含义：

（一）道路运输经营，是指以营利为目的，利用客运、货运车辆为社会公众提供道路运输服务的行为。

（二）定制客运，是指已经取得道路客运班线经营许可的经营者依托电子商务平台发布道路客运班线起讫地等信息、开展线上售票，按照旅客需求灵活确定发车时间、上下旅客地点并提供运输服务的班车客运运营方式。

（三）农村客运，是指区县（自治县）境内或者毗邻区县（自治县）间运营线路属于城区至乡镇、城区至行政村、乡镇至乡镇、乡镇至行政村以及行政村之间的班车客运。以上乡镇不含区县（自治县）人民政府所在地的镇及街道。

（四）出租汽车客运经营，是指按照乘客意愿，用七座以下乘用车提供客运服务，并按照行驶里程和时间计费的经营活动。出租汽车客运经营包括巡游出租汽车客运经营、网络预约出租汽车客运经营。

（五）巡游出租汽车客运经营，是指以七座以下乘用车和驾驶劳务为乘客提供出行服务，喷涂、安装出租汽车标识，可在道路上巡游揽客、站点候客，并按照乘客意愿行驶，根据行驶里程和时间计费的经营活动。

（六）网络预约出租汽车客运经营，是指以互联网技术为依托构建服务平台，整合供需信息，使用符合条件的车辆和驾驶员，提供非巡游的预约出租汽车服务的经营活动。

（七）网络预约出租汽车客运经营者（网络预约出租汽车平台公司），是指构建网络服务平台，从事网络预约出租汽车客运经营的营利法人。

（八）私人小客车合乘（也称为拼车、顺风车），是由合乘服务提供者事先发布出行信息，出行线路相同的人选择乘坐合乘服务提供者的小客车、分摊部分出行成本或者免费互助的共享出行方式。

（九）汽车租赁，是指租赁经营者在约定时间内，将租赁汽车交付承租人使用，收取租赁费用，且不提供驾驶劳务的经营行为。

（十）中心城区是指渝中区、大渡口区、江北区、沙坪坝区、九龙坡区、南岸区、北碚区、渝北区、巴南区，以及市人民政府确定的其他区域。

【本条主旨】

本条规定了本条例所用特定术语的法律含义。

【本条释义】

本条为定义条款，即对本条例中使用的特定术语作出法律上的定义。本条定义的术语有十个，包括：道路运输经营；定制客运；农村客运；出租汽车客运经营；巡游出租汽车客运经营；网络预约出租汽车客运经营；网络预约出租汽车客运经营者；私人小客车合乘；汽车租赁；中心城区。

本条对特定术语的解释具有权威性和有效性。在实施道路运输行业管理、道路运输执法和司法、守法活动中，对本条例所有法条中使用的上述十个术语（语词）进行解释和定义，均应当以本条的规定为标准。

第九十五条　公共汽车客运的经营和管理按照有关规定执行。

【本条主旨】

本条规定了公共汽车客运经营和管理的法律适用。

【本条释义】

重庆市公共汽车客运的经营和管理活动按照《重庆市公共汽车客运条例》等有关规定执行；本条例有关道路运输经营和管理活动的原则性规定、共性规定，适用于重庆市公共汽车客运经营和管理活动。

一、有关规定

本条所称"有关规定"，指包括本条例在内所有调整公共汽车客运活动中的行政关系的法律规范的总称。除本条例外，主要有《重庆市公共汽车客运条例》以及《城市公共汽车和电车客运管理规定》等法规规章规范性文件。

二、本条例与《重庆市公共汽车客运条例》之间的关系

在法理学上，具有相同位阶的两个法律规范性文件之间如果存在包容与被包容的关系，这种逻辑关系习惯上被称为一般法和特别法的关系。界定这种逻辑关系的存在与否及何方为一般法的标准是：规范事项。也就是说，只有规范事项之间存在种属关系，即规范事项的概念存在逻辑上的包容与被包容的关系，才能据以判定两个法律规范文件之间存在一般法与特别法的关系。其中规定属概念事项的法律规范性文件为一般法。

本条例第二条第一款和第二款依次规定："在本市行政区域内从事道路运输经营、道路运输相关业务和实施道路运输管理，适用本条例。本条例所称道路运输经营包括道路班车客运、包车客运、旅游客运、出租汽车客运等客运经营和道路货物运输经营（以下简称货运经营）。"从该条第一款的规定来看，本条例的规范事项被立法机关界定为：重庆市行政辖区内的道路运输经营和管理；重庆市行政辖区内的道路运输相关业务经营和管理。

在国内立法实践中，"道路运输"是一个类型化的概念，按照运送的对象，可以划分为道路客运和道路货运，《中华人民共和国道路

运输条例》和本条例均采用此种分类方法进行分章或分节立法。"道路客运"在立法上同时存在广义和狭义的用法。《中华人民共和国道路运输条例》中使用的"道路客运",为狭义的客运,与本条例第二章第一节中使用的"班车、包车和旅游客运"构成对应关系。按照本条例第二条第二款的定义,本条例规范的客运包括道路班车客运、包车客运、旅游客运、出租汽车客运等。结合本条规定,可以确定,本条例所称"客运"为广义的客运,包括公共汽车客运在内。

《重庆市公共汽车客运条例》的规范事项可以根据该条例第二条进行确认。该条规定:"本市行政区域内公共汽车客运的规划建设、运营管理、运营服务、运营安全及其相关监督管理活动,适用本条例。"由此可见,重庆市行政辖区内的公共汽车客运和管理为该条例的规范事项之一。联系本条例的规范事项来看,《重庆市公共汽车客运条例》与本条例在规范事项方面形成了种属关系。因为两条例均为重庆市人大常委会所制定的地方性法规,具有相同的位阶,基于规范事项方面的种属关系,相互之间构成一般法和特别法的关系,本条例在规范道路运输事项立法体系中处于一般法的地位,也称普通法。

三、本条例部分一般性规范应该在公共汽车客运管理中予以适用

在法理学上,一般法与特别法的适用传统习惯上存在两项规则,包括:①对同一事项,特别法与一般法均有规定的,优先适用特别法的规定。②特别法无规定的,则适用一般法的规定。司法实践中的法律适用一般也遵循这两项规则。

《中华人民共和国立法法》对于上述规则的第一项有明文规定。该法第九十二条规定:"同一机关制定的法律、行政法规、地方性法规、自治条例和单行条例、规章,特别规定与一般规定不一致的,适用特别规定;新的规定与旧的规定不一致的,适用新的规定。"可见,"优先适用特别法"已经成为我国法律适用上的明文规定。

第九十六条　本条例自 2022 年 1 月 1 日起施行。

【本条主旨】

本条是关于本条例施行时间的规定。

【本条释义】

一、本条例本次修改和新增制度的生效时间

本条所称 2022 年 1 月 1 日，指公元纪年的年月日。施行，指本条例发生法律效力。

二、对本条例施行前发生的违法行为进行处罚的法律适用问题

《中华人民共和国行政处罚法》第三十七条规定：实施行政处罚，适用违法行为发生时的法律、法规、规章的规定。但是，作出行政处罚决定时，法律、法规、规章已被修改或者废止，且新的规定处罚较轻或者不认为是违法的，适用新的规定。因此，对于本条例（本次修订）施行前发生的违法行为应当按照如下方式处理：一是遵循"法不溯及既往"原则，即原则上不得适用本条例本次修订的规定对 2022 年 1 月 1 日以前发生的违法行为进行处罚；二是有从轻的情形下，例外地适用本条例本次修订的规定处理在 2022 年 1 月 1 日以前发生的违法行为，即依据本条例本次修订的规定处罚较轻或不认为是违法的，适用本条例本次修订的规定。

第三部分　附　录

中华人民共和国道路运输条例

（2004年4月30日中华人民共和国国务院令第406号公布 根据2012年11月9日《国务院关于修改和废止部分行政法规的决定》第一次修订 根据2016年2月6日《国务院关于修改部分行政法规的决定》第二次修订 根据2019年3月2日《国务院关于修改部分行政法规的决定》第三次修订 根据2022年3月29日《国务院关于修改和废止部分行政法规的决定》第四次修订 根据2023年7月20日《国务院关于修改和废止部分行政法规的决定》第五次修订）

第一章 总 则

第一条 为了维护道路运输市场秩序，保障道路运输安全，保护道路运输有关各方当事人的合法权益，促进道路运输业的健康发展，制定本条例。

第二条 从事道路运输经营以及道路运输相关业务的，应当遵守本条例。

前款所称道路运输经营包括道路旅客运输经营（以下简称客运经营）和道路货物运输经营（以下简称货运经营）；道路运输相关业务包括站（场）经营、机动车维修经营、机动车驾驶员培训。

第三条 从事道路运输经营以及道路运输相关业务，应当依法经营，诚实信用，公平竞争。

第四条 道路运输管理，应当公平、公正、公开和便民。

第五条 国家鼓励发展乡村道路运输，并采取必要的措施提高乡镇和行政村的通班车率，满足广大农民的生活和生产需要。

第六条　国家鼓励道路运输企业实行规模化、集约化经营。任何单位和个人不得封锁或者垄断道路运输市场。

第七条　国务院交通运输主管部门主管全国道路运输管理工作。

县级以上地方人民政府交通运输主管部门负责本行政区域的道路运输管理工作。

第二章　道路运输经营

第一节　客　运

第八条　申请从事客运经营的，应当具备下列条件：

（一）有与其经营业务相适应并经检测合格的车辆；

（二）有符合本条例第九条规定条件的驾驶人员；

（三）有健全的安全生产管理制度。

申请从事班线客运经营的，还应当有明确的线路和站点方案。

第九条　从事客运经营的驾驶人员，应当符合下列条件：

（一）取得相应的机动车驾驶证；

（二）年龄不超过60周岁；

（三）3年内无重大以上交通责任事故记录；

（四）经设区的市级人民政府交通运输主管部门对有关客运法律法规、机动车维修和旅客急救基本知识考试合格。

第十条　申请从事客运经营的，应当依法向市场监督管理部门办理有关登记手续后，按照下列规定提出申请并提交符合本条例第八条规定条件的相关材料：

（一）从事县级行政区域内和毗邻县行政区域间客运经营的，向所在地县级人民政府交通运输主管部门提出申请；

（二）从事省际、市际、县际（除毗邻县行政区域间外）客运经营的，向所在地设区的市级人民政府交通运输主管部门提出申请；

（三）在直辖市申请从事客运经营的，向所在地直辖市人民政府确定的交通运输主管部门提出申请。

依照前款规定收到申请的交通运输主管部门，应当自受理申请之日起 20 日内审查完毕，作出许可或者不予许可的决定。予以许可的，向申请人颁发道路运输经营许可证，并向申请人投入运输的车辆配发车辆营运证；不予许可的，应当书面通知申请人并说明理由。

对从事省际和市际客运经营的申请，收到申请的交通运输主管部门依照本条第二款规定颁发道路运输经营许可证前，应当与运输线路目的地的相应交通运输主管部门协商，协商不成的，应当按程序报省、自治区、直辖市人民政府交通运输主管部门协商决定。对从事设区的市内毗邻县客运经营的申请，有关交通运输主管部门应当进行协商，协商不成的，报所在地市级人民政府交通运输主管部门决定。

第十一条　取得道路运输经营许可证的客运经营者，需要增加客运班线的，应当依照本条例第十条的规定办理有关手续。

第十二条　县级以上地方人民政府交通运输主管部门在审查客运申请时，应当考虑客运市场的供求状况、普遍服务和方便群众等因素。

同一线路有 3 个以上申请人时，可以通过招标的形式作出许可决定。

第十三条　县级以上地方人民政府交通运输主管部门应当定期公布客运市场供求状况。

第十四条　客运班线的经营期限为 4 年到 8 年。经营期限届满需要延续客运班线经营许可的，应当重新提出申请。

第十五条　客运经营者需要终止客运经营的，应当在终止前 30 日内告知原许可机关。

第十六条　客运经营者应当为旅客提供良好的乘车环境，保持车辆清洁、卫生，并采取必要的措施防止在运输过程中发生侵害旅客人身、财产安全的违法行为。

第十七条　旅客应当持有效客票乘车，遵守乘车秩序，讲究文明卫生，不得携带国家规定的危险物品及其他禁止携带的物品乘车。

第十八条　班线客运经营者取得道路运输经营许可证后，应当向公众连续提供运输服务，不得擅自暂停、终止或者转让班线运输。

第十九条 从事包车客运的，应当按照约定的起始地、目的地和线路运输。

从事旅游客运的，应当在旅游区域按照旅游线路运输。

第二十条 客运经营者不得强迫旅客乘车，不得甩客、敲诈旅客；不得擅自更换运输车辆。

第二节 货 运

第二十一条 申请从事货运经营的，应当具备下列条件：

（一）有与其经营业务相适应并经检测合格的车辆；

（二）有符合本条例第二十二条规定条件的驾驶人员；

（三）有健全的安全生产管理制度。

第二十二条 从事货运经营的驾驶人员，应当符合下列条件：

（一）取得相应的机动车驾驶证；

（二）年龄不超过60周岁；

（三）经设区的市级人民政府交通运输主管部门对有关货运法律法规、机动车维修和货物装载保管基本知识考试合格（使用总质量4500千克及以下普通货运车辆的驾驶人员除外）。

第二十三条 申请从事危险货物运输经营的，还应当具备下列条件：

（一）有5辆以上经检测合格的危险货物运输专用车辆、设备；

（二）有经所在地设区的市级人民政府交通运输主管部门考试合格，取得上岗资格证的驾驶人员、装卸管理人员、押运人员；

（三）危险货物运输专用车辆配有必要的通讯工具；

（四）有健全的安全生产管理制度。

第二十四条 申请从事货运经营的，应当依法向市场监督管理部门办理有关登记手续后，按照下列规定提出申请并分别提交符合本条例第二十一条、第二十三条规定条件的相关材料：

（一）从事危险货物运输经营以外的货运经营的，向县级人民政府交通运输主管部门提出申请；

（二）从事危险货物运输经营的，向设区的市级人民政府交通运输主管部门提出申请。

依照前款规定收到申请的交通运输主管部门，应当自受理申请之日起 20 日内审查完毕，作出许可或者不予许可的决定。予以许可的，向申请人颁发道路运输经营许可证，并向申请人投入运输的车辆配发车辆营运证；不予许可的，应当书面通知申请人并说明理由。

使用总质量 4500 千克及以下普通货运车辆从事普通货运经营的，无需按照本条规定申请取得道路运输经营许可证及车辆营运证。

第二十五条　货运经营者不得运输法律、行政法规禁止运输的货物。

法律、行政法规规定必须办理有关手续后方可运输的货物，货运经营者应当查验有关手续。

第二十六条　国家鼓励货运经营者实行封闭式运输，保证环境卫生和货物运输安全。

货运经营者应当采取必要措施，防止货物脱落、扬撒等。

运输危险货物应当采取必要措施，防止危险货物燃烧、爆炸、辐射、泄漏等。

第二十七条　运输危险货物应当配备必要的押运人员，保证危险货物处于押运人员的监管之下，并悬挂明显的危险货物运输标志。

托运危险货物的，应当向货运经营者说明危险货物的品名、性质、应急处置方法等情况，并严格按照国家有关规定包装，设置明显标志。

第三节　客运和货运的共同规定

第二十八条　客运经营者、货运经营者应当加强对从业人员的安全教育、职业道德教育，确保道路运输安全。

道路运输从业人员应当遵守道路运输操作规程，不得违章作业。驾驶人员连续驾驶时间不得超过 4 个小时。

第二十九条　生产（改装）客运车辆、货运车辆的企业应当按照国家规定标定车辆的核定人数或者载重量，严禁多标或者少标车辆的核定人数或者载重量。

客运经营者、货运经营者应当使用符合国家规定标准的车辆从事道路运输经营。

第三十条 客运经营者、货运经营者应当加强对车辆的维护和检测，确保车辆符合国家规定的技术标准；不得使用报废的、擅自改装的和其他不符合国家规定的车辆从事道路运输经营。

第三十一条 客运经营者、货运经营者应当制定有关交通事故、自然灾害以及其他突发事件的道路运输应急预案。应急预案应当包括报告程序、应急指挥、应急车辆和设备的储备以及处置措施等内容。

第三十二条 发生交通事故、自然灾害以及其他突发事件，客运经营者和货运经营者应当服从县级以上人民政府或者有关部门的统一调度、指挥。

第三十三条 道路运输车辆应当随车携带车辆营运证，不得转让、出租。

第三十四条 道路运输车辆运输旅客的，不得超过核定的人数，不得违反规定载货；运输货物的，不得运输旅客，运输的货物应当符合核定的载重量，严禁超载；载物的长、宽、高不得违反装载要求。

违反前款规定的，由公安机关交通管理部门依照《中华人民共和国道路交通安全法》的有关规定进行处罚。

第三十五条 客运经营者、危险货物运输经营者应当分别为旅客或者危险货物投保承运人责任险。

第三章 道路运输相关业务

第三十六条 从事道路运输站（场）经营的，应当具备下列条件：

（一）有经验收合格的运输站（场）；

（二）有相应的专业人员和管理人员；

（三）有相应的设备、设施；

（四）有健全的业务操作规程和安全管理制度。

第三十七条　从事机动车维修经营的，应当具备下列条件：

（一）有相应的机动车维修场地；

（二）有必要的设备、设施和技术人员；

（三）有健全的机动车维修管理制度；

（四）有必要的环境保护措施。

国务院交通运输主管部门根据前款规定的条件，制定机动车维修经营业务标准。

第三十八条　从事机动车驾驶员培训的，应当具备下列条件：

（一）取得企业法人资格；

（二）有健全的培训机构和管理制度；

（三）有与培训业务相适应的教学人员、管理人员；

（四）有必要的教学车辆和其他教学设施、设备、场地。

第三十九条　申请从事道路旅客运输站（场）经营业务的，应当在依法向市场监督管理部门办理有关登记手续后，向所在地县级人民政府交通运输主管部门提出申请，并附送符合本条例第三十六条规定条件的相关材料。县级人民政府交通运输主管部门应当自受理申请之日起15日内审查完毕，作出许可或者不予许可的决定，并书面通知申请人。

从事道路货物运输站（场）经营、机动车维修经营和机动车驾驶员培训业务的，应当在依法向市场监督管理部门办理有关登记手续后，向所在地县级人民政府交通运输主管部门进行备案，并分别附送符合本条例第三十六条、第三十七条、第三十八条规定条件的相关材料。

第四十条　道路运输站（场）经营者应当对出站的车辆进行安全检查，禁止无证经营的车辆进站从事经营活动，防止超载车辆或者未经安全检查的车辆出站。

道路运输站（场）经营者应当公平对待使用站（场）的客运经营者和货运经营者，无正当理由不得拒绝道路运输车辆进站从事经营活动。

道路运输站（场）经营者应当向旅客和货主提供安全、便捷、优质的服务；保持站（场）卫生、清洁；不得随意改变站（场）用途和服务功能。

第四十一条 道路旅客运输站（场）经营者应当为客运经营者合理安排班次，公布其运输线路、起止经停站点、运输班次、始发时间、票价，调度车辆进站、发车，疏导旅客，维持上下车秩序。

道路旅客运输站（场）经营者应当设置旅客购票、候车、行李寄存和托运等服务设施，按照车辆核定载客限额售票，并采取措施防止携带危险品的人员进站乘车。

第四十二条 道路货物运输站（场）经营者应当按照国务院交通运输主管部门规定的业务操作规程装卸、储存、保管货物。

第四十三条 机动车维修经营者应当按照国家有关技术规范对机动车进行维修，保证维修质量，不得使用假冒伪劣配件维修机动车。

机动车维修经营者应当公布机动车维修工时定额和收费标准，合理收取费用，维修服务完成后应当提供维修费用明细单。

第四十四条 机动车维修经营者对机动车进行二级维护、总成修理或者整车修理的，应当进行维修质量检验。检验合格的，维修质量检验人员应当签发机动车维修合格证。

机动车维修实行质量保证期制度。质量保证期内因维修质量原因造成机动车无法正常使用的，机动车维修经营者应当无偿返修。

机动车维修质量保证期制度的具体办法，由国务院交通运输主管部门制定。

第四十五条 机动车维修经营者不得承修已报废的机动车，不得擅自改装机动车。

第四十六条 机动车驾驶员培训机构应当按照国务院交通运输主管部门规定的教学大纲进行培训，确保培训质量。培训结业的，应当向参加培训的人员颁发培训结业证书。

第四章　国际道路运输

第四十七条　国务院交通运输主管部门应当及时向社会公布中国政府与有关国家政府签署的双边或者多边道路运输协定确定的国际道路运输线路。

第四十八条　从事国际道路运输经营的，应当具备下列条件：

（一）依照本条例第十条、第二十四条规定取得道路运输经营许可证的企业法人；

（二）在国内从事道路运输经营满 3 年，且未发生重大以上道路交通责任事故。

第四十九条　申请从事国际道路旅客运输经营的，应当向省、自治区、直辖市人民政府交通运输主管部门提出申请并提交符合本条例第四十八条规定条件的相关材料。省、自治区、直辖市人民政府交通运输主管部门应当自受理申请之日起 20 日内审查完毕，作出批准或者不予批准的决定。予以批准的，应当向国务院交通运输主管部门备案；不予批准的，应当向当事人说明理由。

从事国际道路货物运输经营的，应当向省、自治区、直辖市人民政府交通运输主管部门进行备案，并附送符合本条例第四十八条规定条件的相关材料。

国际道路运输经营者应当持有关文件依法向有关部门办理相关手续。

第五十条　中国国际道路运输经营者应当在其投入运输车辆的显著位置，标明中国国籍识别标志。

外国国际道路运输经营者的车辆在中国境内运输，应当标明本国国籍识别标志，并按照规定的运输线路行驶；不得擅自改变运输线路，不得从事起止地都在中国境内的道路运输经营。

第五十一条　在口岸设立的国际道路运输管理机构应当加强对出入口岸的国际道路运输的监督管理。

第五十二条　外国国际道路运输经营者依法在中国境内设立的常

驻代表机构不得从事经营活动。

第五章　执法监督

第五十三条　县级以上地方人民政府交通运输、公安、市场监督管理等部门应当建立信息共享和协同监管机制，按照职责分工加强对道路运输及相关业务的监督管理。

第五十四条　县级以上人民政府交通运输主管部门应当加强执法队伍建设，提高其工作人员的法制、业务素质。

县级以上人民政府交通运输主管部门的工作人员应当接受法制和道路运输管理业务培训、考核，考核不合格的，不得上岗执行职务。

第五十五条　上级交通运输主管部门应当对下级交通运输主管部门的执法活动进行监督。

县级以上人民政府交通运输主管部门应当建立健全内部监督制度，对其工作人员执法情况进行监督检查。

第五十六条　县级以上人民政府交通运输主管部门及其工作人员执行职务时，应当自觉接受社会和公民的监督。

第五十七条　县级以上人民政府交通运输主管部门应当建立道路运输举报制度，公开举报电话号码、通信地址或者电子邮件信箱。

任何单位和个人都有权对县级以上人民政府交通运输主管部门的工作人员滥用职权、徇私舞弊的行为进行举报。县级以上人民政府交通运输主管部门及其他有关部门收到举报后，应当依法及时查处。

第五十八条　县级以上人民政府交通运输主管部门的工作人员应当严格按照职责权限和程序进行监督检查，不得乱设卡、乱收费、乱罚款。

县级以上人民政府交通运输主管部门的工作人员应当重点在道路运输及相关业务经营场所、客货集散地进行监督检查。

县级以上人民政府交通运输主管部门的工作人员在公路路口进行监督检查时，不得随意拦截正常行驶的道路运输车辆。

第五十九条　县级以上人民政府交通运输主管部门的工作人员实施监督检查时，应当有 2 名以上人员参加，并向当事人出示执法证件。

第六十条　县级以上人民政府交通运输主管部门的工作人员实施监督检查时，可以向有关单位和个人了解情况，查阅、复制有关资料。但是，应当保守被调查单位和个人的商业秘密。

被监督检查的单位和个人应当接受依法实施的监督检查，如实提供有关资料或者情况。

第六十一条　县级以上人民政府交通运输主管部门的工作人员在实施道路运输监督检查过程中，发现车辆超载行为的，应当立即予以制止，并采取相应措施安排旅客改乘或者强制卸货。

第六十二条　县级以上人民政府交通运输主管部门的工作人员在实施道路运输监督检查过程中，对没有车辆营运证又无法当场提供其他有效证明的车辆予以暂扣的，应当妥善保管，不得使用，不得收取或者变相收取保管费用。

第六章　法律责任

第六十三条　违反本条例的规定，有下列情形之一的，由县级以上地方人民政府交通运输主管部门责令停止经营，并处罚款；构成犯罪的，依法追究刑事责任：

（一）未取得道路运输经营许可，擅自从事道路普通货物运输经营，违法所得超过 1 万元的，没收违法所得，处违法所得 1 倍以上 5 倍以下的罚款；没有违法所得或者违法所得不足 1 万元的，处 3000 元以上 1 万元以下的罚款，情节严重的，处 1 万元以上 5 万元以下的罚款；

（二）未取得道路运输经营许可，擅自从事道路客运经营，违法所得超过 2 万元的，没收违法所得，处违法所得 2 倍以上 10 倍以下的罚款；没有违法所得或者违法所得不足 2 万元的，处 1 万元以上 10 万元以下的罚款；

（三）未取得道路运输经营许可，擅自从事道路危险货物运输经营，违法所得超过 2 万元的，没收违法所得，处违法所得 2 倍以上 10 倍以下的罚款；没有违法所得或者违法所得不足 2 万元的，处 3 万元以上 10 万元以下的罚款。

第六十四条 不符合本条例第九条、第二十二条规定条件的人员驾驶道路运输经营车辆的，由县级以上地方人民政府交通运输主管部门责令改正，处 200 元以上 2000 元以下的罚款；构成犯罪的，依法追究刑事责任。

第六十五条 违反本条例的规定，未经许可擅自从事道路旅客运输站（场）经营的，由县级以上地方人民政府交通运输主管部门责令停止经营；有违法所得的，没收违法所得，处违法所得 2 倍以上 10 倍以下的罚款；没有违法所得或者违法所得不足 1 万元的，处 2 万元以上 5 万元以下的罚款；构成犯罪的，依法追究刑事责任。

从事机动车维修经营业务不符合国务院交通运输主管部门制定的机动车维修经营业务标准的，由县级以上地方人民政府交通运输主管部门责令改正；情节严重的，由县级以上地方人民政府交通运输主管部门责令停业整顿。

从事道路货物运输站（场）经营、机动车驾驶员培训业务，未按规定进行备案的，由县级以上地方人民政府交通运输主管部门责令改正；拒不改正的，处 5000 元以上 2 万元以下的罚款。

从事机动车维修经营业务，未按规定进行备案的，由县级以上地方人民政府交通运输主管部门责令改正；拒不改正的，处 3000 元以上 1 万元以下的罚款。

备案时提供虚假材料情节严重的，其直接负责的主管人员和其他直接责任人员 5 年内不得从事原备案的业务。

第六十六条 违反本条例的规定，客运经营者、货运经营者、道路运输相关业务经营者非法转让、出租道路运输许可证件的，由县级以上地方人民政府交通运输主管部门责令停止违法行为，收缴有关证件，处 2000 元以上 1 万元以下的罚款；有违法所得的，没收违法所得。

第六十七条 违反本条例的规定，客运经营者、危险货物运输经营者未按规定投保承运人责任险的，由县级以上地方人民政府交通运输主管部门责令限期投保；拒不投保的，由原许可机关吊销道路运输经营许可证。

第六十八条　违反本条例的规定，客运经营者有下列情形之一的，由县级以上地方人民政府交通运输主管部门责令改正，处 1000 元以上 2000 元以下的罚款；情节严重的，由原许可机关吊销道路运输经营许可证：

（一）不按批准的客运站点停靠或者不按规定的线路、公布的班次行驶的；

（二）在旅客运输途中擅自变更运输车辆或者将旅客移交他人运输的；

（三）未报告原许可机关，擅自终止客运经营的。

客运经营者强行招揽旅客，货运经营者强行招揽货物或者没有采取必要措施防止货物脱落、扬撒等的，由县级以上地方人民政府交通运输主管部门责令改正，处 1000 元以上 3000 元以下的罚款；情节严重的，由原许可机关吊销道路运输经营许可证。

第六十九条　违反本条例的规定，客运经营者、货运经营者不按规定维护和检测运输车辆的，由县级以上地方人民政府交通运输主管部门责令改正，处 1000 元以上 5000 元以下的罚款。

违反本条例的规定，客运经营者、货运经营者擅自改装已取得车辆营运证的车辆的，由县级以上地方人民政府交通运输主管部门责令改正，处 5000 元以上 2 万元以下的罚款。

第七十条　违反本条例的规定，道路旅客运输站（场）经营者允许无证经营的车辆进站从事经营活动以及超载车辆、未经安全检查的车辆出站或者无正当理由拒绝道路运输车辆进站从事经营活动的，由县级以上地方人民政府交通运输主管部门责令改正，处 1 万元以上 3 万元以下的罚款。

道路货物运输站（场）经营者有前款违法情形的，由县级以上地方人民政府交通运输主管部门责令改正，处 3000 元以上 3 万元以下的罚款。

违反本条例的规定，道路运输站（场）经营者擅自改变道路运输站（场）的用途和服务功能，或者不公布运输线路、起止经停站点、运输班次、始发时间、票价的，由县级以上地方人民政府交通运输主管部门责令改正；拒不改正的，处3000元的罚款；有违法所得的，没收违法所得。

第七十一条 违反本条例的规定，机动车维修经营者使用假冒伪劣配件维修机动车，承修已报废的机动车或者擅自改装机动车的，由县级以上地方人民政府交通运输主管部门责令改正；有违法所得的，没收违法所得，处违法所得2倍以上10倍以下的罚款；没有违法所得或者违法所得不足1万元的，处2万元以上5万元以下的罚款，没收假冒伪劣配件及报废车辆；情节严重的，由县级以上地方人民政府交通运输主管部门责令停业整顿；构成犯罪的，依法追究刑事责任。

第七十二条 违反本条例的规定，机动车维修经营者签发虚假的机动车维修合格证，由县级以上地方人民政府交通运输主管部门责令改正；有违法所得的，没收违法所得，处违法所得2倍以上10倍以下的罚款；没有违法所得或者违法所得不足3000元的，处5000元以上2万元以下的罚款；情节严重的，由县级以上地方人民政府交通运输主管部门责令停业整顿；构成犯罪的，依法追究刑事责任。

第七十三条 违反本条例的规定，机动车驾驶员培训机构不严格按照规定进行培训或者在培训结业证书发放时弄虚作假的，由县级以上地方人民政府交通运输主管部门责令改正；拒不改正的，责令停业整顿。

第七十四条 违反本条例的规定，外国国际道路运输经营者未按照规定的线路运输，擅自从事中国境内道路运输的，由省、自治区、直辖市人民政府交通运输主管部门责令停止运输；有违法所得的，没收违法所得，处违法所得2倍以上10倍以下的罚款；没有违法所得或者违法所得不足1万元的，处3万元以上6万元以下的罚款。

外国国际道路运输经营者未按照规定标明国籍识别标志的，由省、自治区、直辖市人民政府交通运输主管部门责令停止运输，处200元以上2000元以下的罚款。

从事国际道路货物运输经营，未按规定进行备案的，由省、自治区、直辖市人民政府交通运输主管部门责令改正；拒不改正的，处 5000 元以上 2 万元以下的罚款。

第七十五条 县级以上人民政府交通运输主管部门应当将道路运输及其相关业务经营者和从业人员的违法行为记入信用记录，并依照有关法律、行政法规的规定予以公示。

第七十六条 违反本条例的规定，县级以上人民政府交通运输主管部门的工作人员有下列情形之一的，依法给予行政处分；构成犯罪的，依法追究刑事责任：

（一）不依照本条例规定的条件、程序和期限实施行政许可的；

（二）参与或者变相参与道路运输经营以及道路运输相关业务的；

（三）发现违法行为不及时查处的；

（四）违反规定拦截、检查正常行驶的道路运输车辆的；

（五）违法扣留运输车辆、车辆营运证的；

（六）索取、收受他人财物，或者谋取其他利益的；

（七）其他违法行为。

第七章 附 则

第七十七条 内地与香港特别行政区、澳门特别行政区之间的道路运输，参照本条例的有关规定执行。

第七十八条 外商可以依照有关法律、行政法规和国家有关规定，在中华人民共和国境内采用中外合资、中外合作、独资形式投资有关的道路运输经营以及道路运输相关业务。

第七十九条 从事非经营性危险货物运输的，应当遵守本条例有关规定。

第八十条 县级以上地方人民政府交通运输主管部门依照本条例发放经营许可证件和车辆营运证，可以收取工本费。工本费的具体收费标准由省、自治区、直辖市人民政府财政部门、价格主管部门会同同级交通运输主管部门核定。

第八十一条 出租车客运和城市公共汽车客运的管理办法由国务院另行规定。

第八十二条 本条例自 2004 年 7 月 1 日起施行。